J. ET J. GUION

CE1

COLLECTION

# ORTH

## apprendre l'orthographe

HATIER

Illustrations et calligraphie : Sophie Beaujard
Infographie : Christèle Murgue

Conception graphique : Jehanne Marie Husson
Mise en page : Anne Lagrange

Couverture : Christian Scheibling

 ISBN 2.218 73066-9

# ORTH CE1

Ce manuel ORTH CE1 contient près de trois cents exercices correspondant aux notions d'orthographe que les élèves de CE1 doivent connaître.

Il comprend trois grandes parties :

## O comme Observation

Dix fiches d'**exercices d'observation** sont destinées à habituer l'élève à observer rigoureusement les lettres et les mots. Il apprend à utiliser l'ordre alphabétique, convention nécessaire pour l'emploi des dictionnaires.

## R comme Règles

Les **règles** recouvrent les grands domaines de l'orthographe :

- les notions grammaticales de base, avec en particulier la segmentation correcte des mots ;
- l'orthographe d'usage ;
- les homophones grammaticaux ;
- les accords en genre et en nombre ;
- les formes verbales, qui comprennent la conjugaison des verbes fondamentaux.

*Liste des règles p. 125*

## T - H comme Transfert et Habileté

Douze fiches d'**exercices de révision**, avec des dictées silencieuses (textes à compléter). Elles sont destinées au transfert des acquisitions qui conduit progressivement à l'habileté orthographique.

En plus de ces trois parties, ORTH contient :

## La liste des mots à apprendre au CE1

400 mots, parmi les plus fréquents et les plus utiles de la langue française, doivent être appris au CE1. Ils se retrouvent tout au long du livre dans les exercices et leur liste figure en fin d'ouvrage.

## Des tests d'évaluation

Un test de départ et un test final permettent d'évaluer le niveau des élèves en début d'année et de faire le bilan des notions acquises en fin d'année.

# Conseils d'utilisation

## Les tableaux des règles

L'élève doit **observer attentivement** le tableau de la règle avant de faire un exercice. Il doit ensuite apprendre à **exprimer ce qu'il comprend**. La rubrique ***Retiens***, sous le tableau visuel, propose une formulation de la règle. Cette formulation peut également être élaborée en classe avec le professeur et devenir l'occasion d'un travail collectif. On demandera aux enfants de trouver d'autres exemples que ceux proposés.

## Les exercices

– Dans les exercices à trous, l'élève doit répondre en écrivant ou en soulignant **ce qui lui a permis de choisir sa réponse.** Il prend ainsi l'habitude de sélectionner les informations utiles qui expliquent les faits orthographiques.

– Il est important d'habituer les enfants à évoquer beaucoup de mots dans des séries orthographiques : noms féminins terminés par -ée, par -té ; mots terminés par -elle, -eur, etc. Ils retiennent ainsi ce qui est régulier et très fréquent.

## L'évaluation

– On peut estimer qu'un élève de CE1 réussit un exercice systématique lorsqu'il trouve 8 ou 9 bonnes réponses sur dix.

– Tous les exercices sont prévus pour pouvoir être très facilement notés sur 5 ou sur 10, ce qui rend possible une évaluation suivie des résultats.

## La progression

*O.R.T.H.* est d'un emploi très souple. Le professeur peut déterminer l'ordre d'étude des règles selon les lacunes de ses élèves ou en fonction de sa progression pédagogique.

*Exemple de progression :*

**R1 - R2 - R8 - R9 - R3 - R10 - R4 - R11 - R5 - R12 - R32 - R45 - R56 - R6 - R13 - R33 - R57 - R58 - R59 - R7 - R14 - R34 - R46 - R60 - R15 - R16 - R35 - R47 - R61 - R17 - R18 - R36 - R62 - R37 - R19 - R38 - R20 - R48 - R21 - R39 - R49 - R63 - R22 - R23 - R40 - R50 - R64 - R24 - R41 - R51 - R65 - R25 - R42 - R52 - R66 - R26 - R67 - R27 - R43 - R68 - R28 - R53 - R69 - R70 - R29 - R54 - R71 - R72 - R30 - R44 - R55 - R73 - R74 - R31 - R75 - R76 - R77.**

# Présentation d'une règle

**Tableau de la règle** pour bien comprendre la difficulté orthographique. La présentation visuelle aide la perception et la mémoire.

**Exercices d'apprentissage** contenant les mots à savoir en fin de CE1 (liste établie d'après la fréquence et la difficulté des mots).

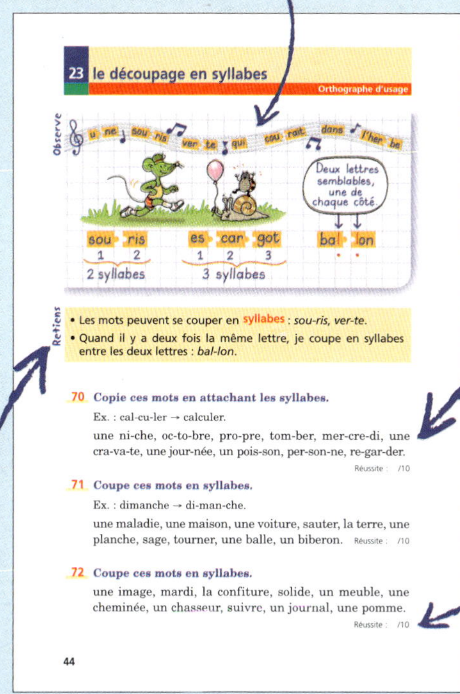

23 le découpage en syllabes

Orthographe d'usage

Observe

u ne sou ris ver te qui cou rait dans l'her be

Deux lettres semblables, une de chaque côté.

sou ris — 1 2 — 2 syllabes

es car got — 1 2 3 — 3 syllabes

bal lon

Retiens

- Les mots peuvent se couper en **syllabes** : *sou-ris, ver-te.*
- Quand il y a deux fois la même lettre, je coupe en syllabes entre les deux lettres : *bal-lon.*

**70 Copie ces mots en attachant les syllabes.**

Ex. : cal-cu-ler → calculer.

une ni-che, oc-to-bre, pro-pre, tom-ber, mer-cre-di, une cra-va-te, une jour-née, un pois-son, per-son-ne, re-gar-der.

Réussite : /10

**71 Coupe ces mots en syllabes.**

Ex. : dimanche → di-man-che.

une maladie, une maison, une voiture, sauter, la terre, une planche, sage, tourner, une balle, un biberon. Réussite : /10

**72 Coupe ces mots en syllabes.**

une image, mardi, la confiture, solide, un meuble, une cheminée, un chasseur, suivre, un journal, une pomme.

Réussite : /10

44

**Notation** facile des exercices, sur 5 ou 10 points.

**Formulation de la règle** présentée dans le tableau.

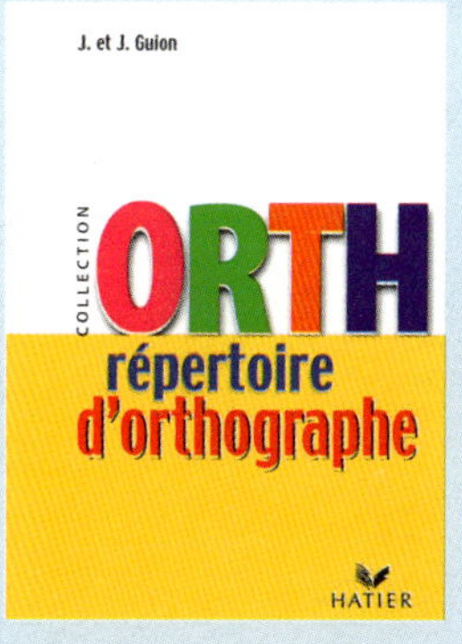


Dans le **Répertoire d'orthographe ORTH**, chaque élève note les mots sur lesquels il fait des erreurs. Le système de classement met en évidence **la liste personnelle** des mots à apprendre, regroupés par difficulté. L'élève comprend alors les causes de ses erreurs et les corrige facilement.

# Test de départ

*Ce test peut être passé en deux fois. L'élève doit répondre aux questions sans aide. L'enseignant peut dire oralement les mots des questions 1 à 8.*

**Écris les mots qui correspondent aux dessins.**

1 un ..................

2 un ..................

3 un ................

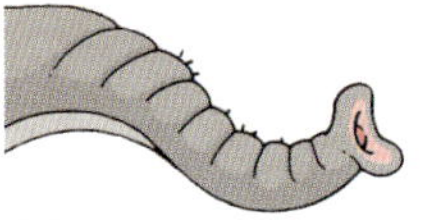

4 la ...................

5 une .................

6 une ...............

**Complète :**

7 **par aille, eille ou euille :** une ab..................

8 **par in, ein ou ien :** un gard..................

**Écris en séparant les mots.**

9 lécole : ........................

10 despetitsanimaux : .................................................

11 jaimalauventre : .....................................................

**Choisis :**

12 **s ou ss :** Il a un poi...on rouge.

13 **g ou gu :** re...arder

14 **c ou ç :** un ...itron

## Complète :

**15** **par il ou ils :** ………… est grand.

**16** **par elle ou elles :** ………… ont gagné.

## Que manque-t-il ?

**17** **Complète avec le verbe être au présent.**

En ce moment, je ………… à l'école.

**18** **Écris au pluriel :**

un moulin → des ……………………………

**19** **Complète par e, es ou ent.**

Les filles chant………… bien.

**20** **Complète par son ou sont.**

Dans la cour, j'ai vu ………… frère.

Note : …… /20
(1 point par question entièrement réussie)

Entourer les numéros des questions où il y a des erreurs. À côté, figurent les numéros des règles à apprendre.

| | | | | | | | |
|---|---|---|---|---|---|---|---|
| 1 | R8 | 6 | R18 R21 | 11 | R6 | 16 | R33 R59 |
| 2 | R9 R10 | 7 | R13 | 12 | R17 | 17 | R62 |
| 3 | R12 | 8 | R12 | 13 | R19 | 18 | R46 |
| 4 | R10 R16 | 9 | R2 | 14 | R22 | 19 | R53 R54 |
| 5 | R8 R29 | 10 | R4 | 15 | R32 R59 | 20 | R34 R38 |

# Observation de la langue

- Dix fiches proposent des exercices d'observation. Elles sont présentées dans un ordre croissant de difficulté qu'il est préférable de suivre.
- Chaque fiche est prévue pour être notée sur dix.

# 1 fiche d'observation

**1** **Trouve les cinq mots qui commencent par une lettre du début de l'alphabet. Écris-les.**

deux joli
chat vélo grand
sage enfant
avion petit lit

**2** **Le robot est déréglé !**
**Écris la phrase en remettant les mots dans l'ordre.**
(1 point par mot écrit juste et à sa place)

10 réponses à trouver,
10 points à gagner !

## 2 fiche d'observation

**début de l'alphabet** →

| **a** | **b** | **c** | **d** |
|---|---|---|---|
| 1 | 2 | 3 | 4 |
| **e** | **f** | **g** | **h** |
| 5 | 6 | 7 | 8 |

**1** **Écris la 1re lettre de l'alphabet.**

**2** **Écris la 5e lettre de l'alphabet.**

**3** **Quelle lettre vient juste après b ?**

**4** **Quelle lettre vient juste après d ?**

**5** **Quelle lettre vient juste après g ?**

**6** **Écris les cinq mots qui peuvent aller dans ces cailloux.**

lui • elle • ton • leur • bon
des • tes • mes • les

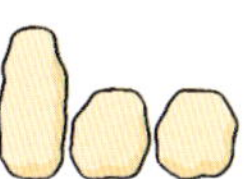

**Règle du jeu des « cailloux » :**

*gros caillou :* 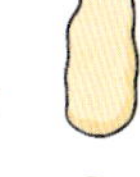 *grande lettre →* 

*petit caillou :*  *petite lettre →* 

*tout petit caillou :* *point ou accent →* 

**mot écrit avec des « cailloux » :** 

10 réponses à trouver,
10 points à gagner !

Observation

# 3 fiche d'observation

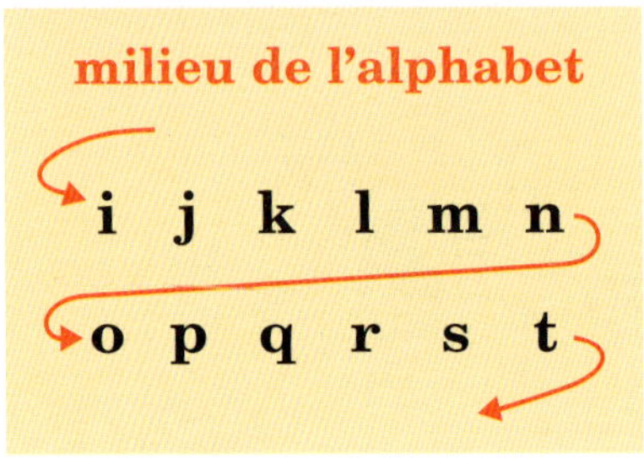

**1** **Trouve les cinq mots qui commencent par une lettre du milieu de l'alphabet. Écris-les.**

terre rue
dans avoir gros
table lait
image cravate dormir

**2** **Le robot est déréglé ! Écris la phrase en remettant les mots dans l'ordre.**

(1 point par mot écrit juste et à sa place)

10 réponses à trouver,
10 points à gagner !

# 4 fiche d'observation

1 Écris la 13e lettre de l'alphabet.

2 Écris la 16e lettre de l'alphabet.

3 Quelle lettre vient juste avant j ?

4 Quelle lettre vient juste avant m ?

5 Quelle lettre vient juste avant s ?

6 Écris les cinq mots qui peuvent aller dans ces cailloux.

carton

cacher monter

orange animal

classe contre

rester bouton

valise

10 réponses à trouver,
10 points à gagner !

# 5 fiche d'observation

**1** Écris la **dernière lettre** de l'alphabet.

**2** Quelle lettre vient juste **après u** ?

**3** Quelle lettre vient juste **avant w** ?

**4** Quelle lettre vient juste **après x** ?

**5** Quelle lettre vient juste **avant y** ?

**6** Copie sans te tromper ! Observe bien chaque bande de syllabes, puis écris-la.

10 réponses à trouver, 10 points à gagner !

# 6 fiche d'observation

**alphabet**

| a | b | c | d | | |
|---|---|---|---|---|---|
| 1 | 2 | 3 | 4 | | |
| e | f | g | h | | |
| 5 | 6 | 7 | 8 | | |
| i | j | k | l | m | n |
| 9 | 10 | 11 | 12 | 13 | 14 |
| o | p | q | r | s | t |
| 15 | 16 | 17 | 18 | 19 | 20 |
| u | v | w | x | | |
| 21 | 22 | 23 | 24 | | |
| y | z | | | | |
| 25 | 26 | | | | |

**1** **Sur chaque carte, les mots sont-ils rangés dans l'ordre de l'alphabet ? Réponds par oui ou non.**

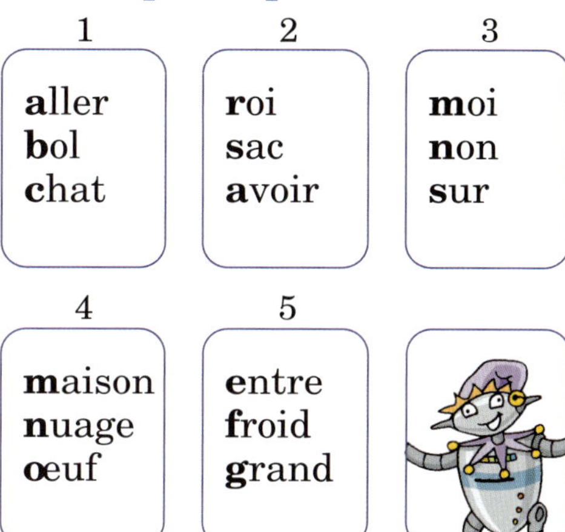


**2** **Écris les cinq mots qui peuvent aller dans ces cailloux.**

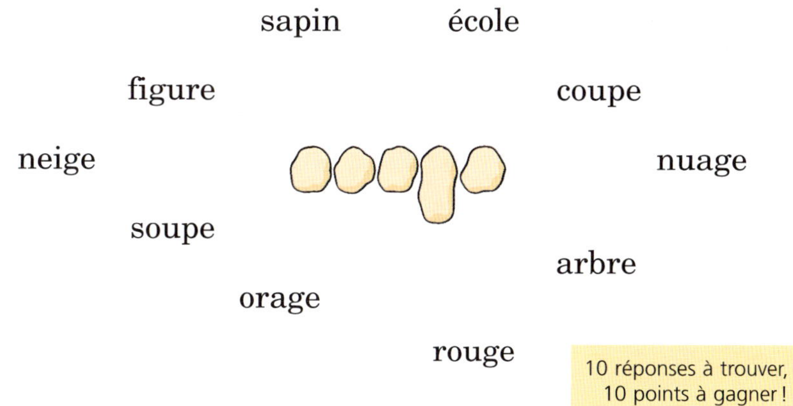


10 réponses à trouver, 10 points à gagner !

# 7 fiche d'observation

**voyelles**

**a o u**

**e i**

**(é, è, ê) y**

**1** **Recopie les cinq messages qui contiennent seulement des voyelles.**

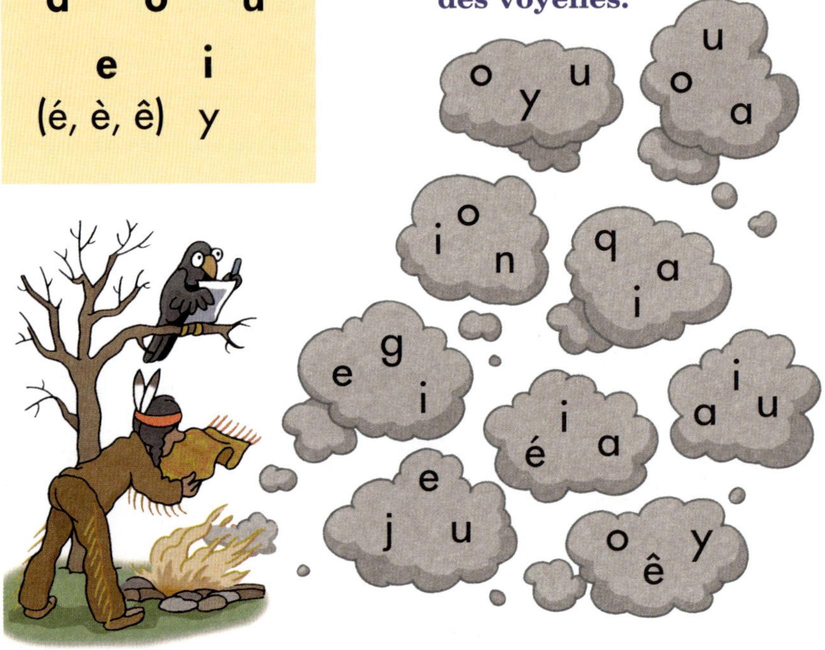

o y u
u o a
i o n
q a i
e g i
i é a
i a u
e j u
o ê y


**2** **Le robot est déréglé ! Dans chaque mot, il a écrit une lettre de trop. Corrige ces mots.**

fvigure

meubple

recgarde

lunedi

routde

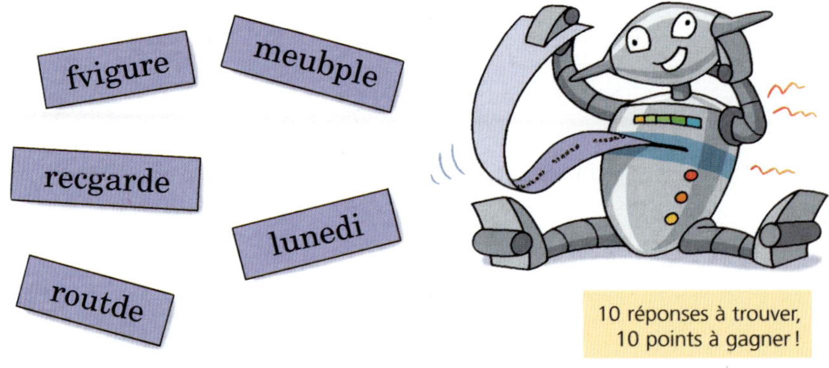

10 réponses à trouver,
10 points à gagner !

# 8 fiche d'observation

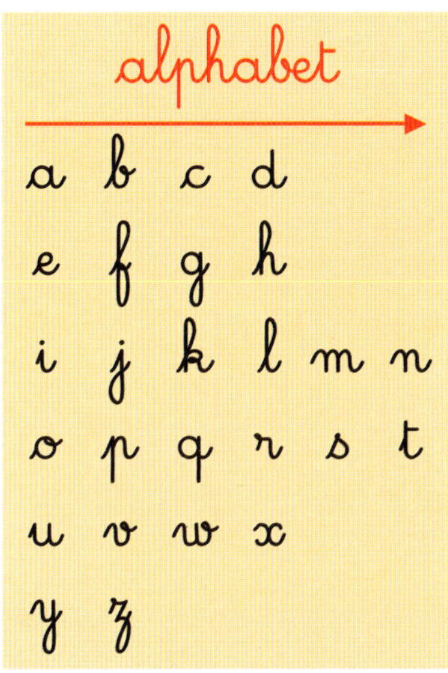

**1 Dans chaque cadre, y a-t-il trois fois la même lettre ? Réponds par oui ou non.**

| 1 | 2 | 3 | 4 | 5 |
|---|---|---|---|---|
| b b D | f f F | u u V | m n M | l l L |

**2 Écris les cinq mots qui vont dans ces cailloux.**

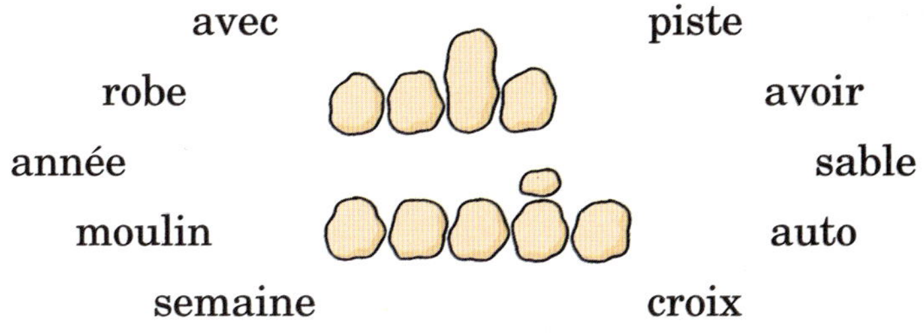


10 réponses à trouver,
10 points à gagner !

## 9 fiche d'observation

Maman dit à Claude :
– Tu seras sage, je vais faire une course.
– Oui, maman, et tâche de la gagner !

**1 Complète avec des mots de l'histoire.**

| ou | an | au | ai | ch |
|---|---|---|---|---|
| course | … | … | … | … |
| | | | … | |

**2 Écris en, ei, eau, ê dans les bulles qui conviennent.**

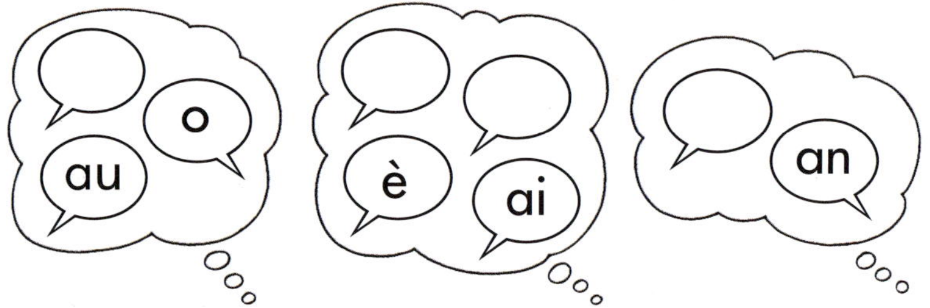


**3 Un seul mot peut aller dans ces cailloux. Trouve-le.**

cheminée

cahier

chemise

journée

solide

retenir

10 réponses à trouver,
10 points à gagner !

# 10 fiche d'observation

Un petit garçon pleure :
– J'ai perdu une dent.
– Ce n'est pas grave, dit papa.
– Oh ! si, répond Michel, c'était la dernière dent de mon peigne.

**1 Complète avec des mots de l'histoire.**

| pon | gne | gra | gar | per | der |
|---|---|---|---|---|---|
| répond | … | … | … | … | … |

**2 Trouve les deux syllabes qui sont dans les mots de l'histoire.**

**3 Le robot est déréglé ! Il a écrit trois mots de trop. Retrouve la phrase juste et écris-la.**

(1 point par mot enlevé)

10 réponses à trouver,
10 points à gagner !

# Règles d'orthographe

- Les règles sont regroupées sous cinq rubriques :
  - les notions de base,
  - l'orthographe d'usage,
  - les homophones grammaticaux,
  - les accords en genre et en nombre,
  - les formes verbales.

Le professeur les fera étudier dans l'ordre qui correspond aux besoins de sa classe. Il pourra également suivre la progression proposée page 4.

- Pour permettre de calculer facilement une note, les exercices sont prévus avec cinq ou dix réponses.

O.R.T.H.

# 1 le groupe du nom

Notions de base

Observe

Retiens

• Il y a des personnes, des animaux et des choses. Les mots qui servent à les désigner s'appellent des **noms**. Je peux dire un nom avec **un** ou **une** : *un enfant, une maison.*

**1** **Classe ces noms en trois groupes : noms de personnes, noms d'animaux et noms de choses.**

un lapin, un élève, ma mère, un sapin, un chanteur, un journal, un cheval, une carte, une voiture, la lune.

Réussite : /10

**2** **Écris seulement les noms, en ajoutant un ou une.**

jardin, oiseau, dormir, lit, copier, poule, vélo, comme, triste, niche, singe, couper, bonbon, cage, dame.

Réussite : /10

**3** **Dessine des « cuillères » sous les groupes du nom, puis entoure les noms.**

Ex. : un gros chat → un gros (chat).

une jolie image • une petite fille • une moto rouge • un bébé sage • des nuages noirs.

Réussite : /5

# 2 individualisation des mots : l'élision

Notions de base

Observe

Retiens

- Avant les noms qui commencent par une voyelle, le ou la devient l' : *un oiseau → l'oiseau ; une image → l'image.*

**4 Écris ces noms en ajoutant le, la ou l'.**

Ex. : tableau → **le** tableau ; éponge → **l'**éponge.

poche, ardoise, domino, animal, livre, robe, église, coude, écriture, table.

Réussite : /10

**5 Écris ces noms en ajoutant le, la ou l'.**

usine, route, auto, abeille, élève, ville, planche, camion, homme, femme.

Réussite : /10

**6 Voici des mots attachés. Écris-les en les séparant. (N'oublie pas l'apostrophe.)**

Ex. : larbre → l'arbre ; laporte → la porte.

laplante, lafamille, larmoire, lechocolat, lannée, larue, lavion, lécole, lété, lematin.

Réussite : /10

# 3 l'adjectif

Notions de base

Observe

Retiens

- **L'adjectif** est un mot qui va avec le nom. Il dit ***comment est*** une personne, un animal ou une chose : il est *petit*, elle est *grosse*.

**7** **Écris les mots qui peuvent dire comment est Clara.**
jolie, petite, soleil, sage, acheter, blonde, robe, contente.

Réussite : /5

**8** **Écris les mots qui peuvent dire comment est le lapin.**
gros, marche, doux, blanc, table, mignon, peureux, saute.

Réussite : /5

**9** **Écris les mots qui peuvent dire comment est la voiture.**
rouge, s'arrête, rapide, rue, belle, roule, neuve, grande.

Réussite : /5

**10** **Copie ces groupes du nom, puis souligne les adjectifs.**

Ex. : du linge sec → du linge <u>sec</u>.

un vélo bleu • une maladie grave • une bonne tartine • de la salade verte • un vieux meuble.

Réussite : /5

Règles

# 4 individualisation des mots : les liaisons

Notions de base

Observe

un (n) avion

un petit (t) avion

un gros (z) avion

J'entends les liaisons.

avion

Je ne les écris pas.

Retiens

- Le début d'un mot ne change jamais.
- Si j'entends un autre son au début du mot, c'est **une liaison** : *un avion, un petit avion, un gros avion.*

**11 Voici des mots attachés. Écris-les en les séparant.**

Ex. : desavions → des avions.

lesimages, desmelons, cesmoulins, lesanimaux, unos, lesélèves, desoranges, uneodeur, unorage, lesoreilles.

Réussite : /10

**12 Trouve les cinq noms d'animaux cachés dans ces mots attachés.**

Ex. : unpetitchat → chat.

ungrosâne, unepetitepoule, desânesgris, lapoulerousse, ungrosours, unéléphant, monours, unmoutonfrisé.

Réussite : /5

**13 Voici des mots attachés. Écris-les en les séparant.**

Ex. : ungrosavion → un gros avion.

unegrandemaison, despommescuites, deshistoiresdrôles, desmouchoirsbrodés, desépinespointues.

Réussite : /5

# 5 le verbe

Notions de base

Retiens

- Il y a des mots qui disent **ce qu'on fait**. On les appelle des **verbes** : *sauter, rire, jouer.*
- Les verbes se conjuguent : *je saute, tu sautes, elle saute, nous sautons…*

**14** **Cherche les verbes, puis écris-les.**

manger, maison, parler, boire, se lever, nuage, toucher, froid, dormir, fleur, bouton, acheter, fourchette, moudre, rester, montagne, tenir.

Réussite : /10

**15** **Cherche les verbes, puis écris-les.**

montrer, éponge, se moucher, lire, étoile, trouver, garder, fabriquer, artiste, grogner, cacher, feuille, ramer, moustache, enfermer.

Réussite : /10

**16** **Souligne les verbes dans les phrases suivantes.**

Ex. : Il joue au ballon. → Il joue au ballon.

Le renard bondit. • Les poules s'envolent. • Il lave sa chemise. • Ta lettre partira ce soir. • Je te donne une pomme.

Réussite : /5

# 6 individualisation des mots avec le pronom

Notions de base

Règles

Observe

Retiens

- Quand j'écris, je coupe les phrases en mots.
- Il y a des petits mots qui remplacent des noms. Quand un garçon dit : *j'ai un chat et un chien*, *j'* remplace *le garçon*.

**17 Écris le verbe simple que tu reconnais.**

Ex. : s'aimer → aimer.

s'amuser, s'éclairer, s'arrêter, s'approcher, s'appeler.

Réussite : /5

**18 Recopie ces phrases en séparant les mots.**

Ex. : Ilschantent → Ils chantent.

Jemange. • Ellesboivent. • Ellesapportentdufromage. • Iljoue. • Jaidesamis.

Réussite : /5

**19 Recopie ces phrases en séparant les mots.**

Lecamionsarrête. • Jouvrelabouche. • Loiseausenvole. • Laportesouvre. • Jaiunesœur.

Réussite : /5

# 7 individualisation des mots avec la négation

Notions de base

Observe

Oui, je veux bien.
J'enlève mes lunettes.

P'TIT OUI

Non, je ne veux pas !
Je n' enlève pas mes lunettes.

ne plus ne rien ne jamais

P'TIT NON

Retiens

- Il y a des phrases négatives. Elles veulent dire « **non** ».
- Dans une phrase **négative**, il y a toujours **ne** et un autre petit mot : **pas**, **plus**, **jamais**, **rien**…
- **ne** devient **n'** avant une voyelle : *je* ***n'****enlève* ***pas***.

**20 Voici des phrases de P'tit Oui. Fais-les dire à P'tit Non.**

Ex. : **P'tit Oui** : J'enlève mes lunettes.

→ **P'tit Non** : Je n' enlève pas mes lunettes.

Il joue au ballon. • Victor est malade. • Arthur écoute. • Elle va à la pêche. • J'aime les oranges. Réussite : /5

**21 Copie ces phrases en séparant les mots.**

Jenechantepas. • Ellenedortpas. • Tunedisrien. • Ilnapasderobe. • Monchatnestpasàlamaison. Réussite : /5

**22 Copie ces phrases en séparant les mots.**

Lesfeuillesnetombentpas. • Moncartablenestpaslourd. • Elleneboitjamaisdelait. • Cettebananenestpasàmoi. • Ilneneigeplus. Réussite : /5

# 8 ia, ie, io / ai, ei, oi

Orthographe d'usage

Observe

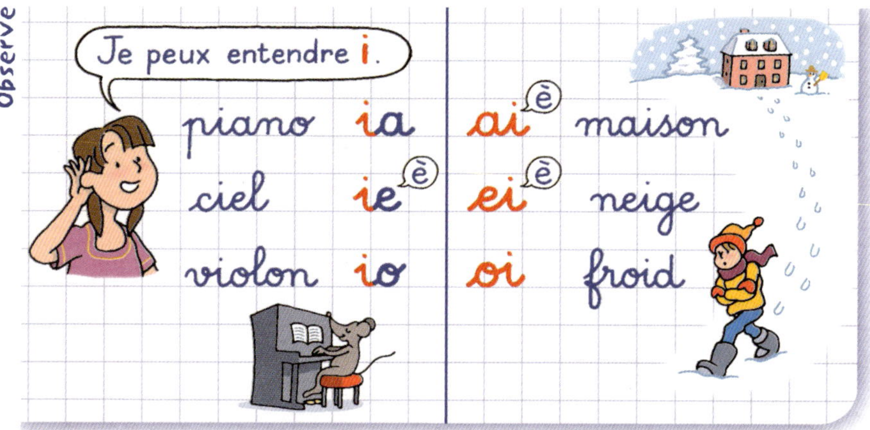


Retiens

- Je fais attention à l'ordre des lettres : **i.a** comme dans *piano*, **i.e** comme dans *ciel*, **i.o** comme dans *violon*.
- J'écris **ai** dans *maison*, **ei** dans *neige*, **oi** dans *froid*.

**23 Classe les mots suivants en deux groupes : ceux qui ont ia, ie, io et ceux qui ont ai, ei, oi.**

un piano, faire, des violettes, un oiseau, un diable, du bois, une maison, le pluriel, des miettes, un peigne.

Réussite : /10

**24 Classe les mots suivants en deux groupes : ceux qui ont ia, ie, io et ceux qui ont ai, ei, oi.**

un aigle, une croix, l'aviation, une fontaine, un cahier, un enseignant, un mouchoir, des craies, violet, une histoire.

Réussite : /10

**25 Complète :**

- par **ia** ou **ai** : du l…t, un av…teur, sem…ne.
- par **ie** ou **ei** : une ch…nne, du m…l, n…ger, la r…ne.
- par **io** ou **oi** : une arm…re, une p…che, un dev…r.

Réussite : /10

# 9 car / cra ; cal / cla

Orthographe d'usage

Observe

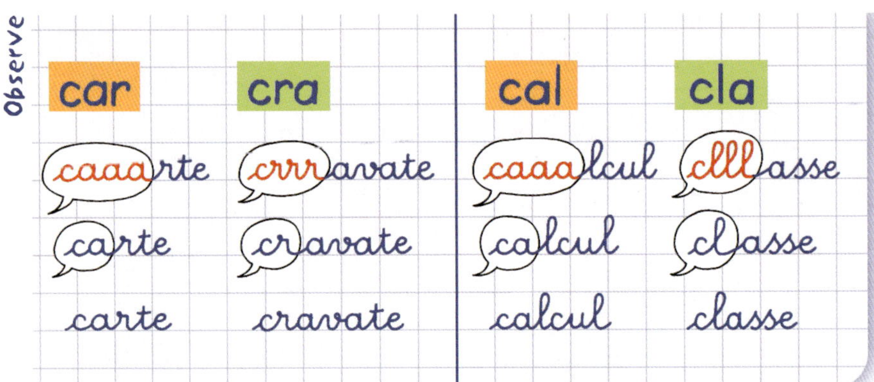


Retiens

- Je fais attention à l'ordre des lettres dans les syllabes :
  – c.a.r comme dans *carte* et c.r.a comme dans *cravate*.
  – c.a.l comme dans *calcul* et c.l.a comme dans *classe*.

**26** **Complète par car ou cra.**

un es…got  un …be  un …paud  un …table  un …ton

Réussite : /5

**27** **Complète :**

- par **cor** ou **cro** : un …chet, une …de à sauter, des …nes, …quer une pomme, un …beau, un …codile.
- par **tar** ou **tra** : de la mou…de, …verser la rue, arriver en re…d, une …tine de confiture. Réussite : /10

**28** **Complète :**

- par **for** ou **fro** : elle est …te, du …mage, la …ce.
- par **bor** ou **bro** : une …dure, une …ne, de la …derie.
- par **bar** ou **bra** : …vo, une …que, em…sser, la …be.

Réussite : /10

# 10 fr / vr ; pl / bl ; tr / dr ; cr / gr

Orthographe d'usage

Règles

Observe

Retiens

- Pour écrire les sons qui se ressemblent, je retiens des mots :
  - **fr** de *fruit* et **vr** de *livre*.
  - **tr** de *trois* et **dr** de *droite*.
  - **pl** de *plage* et **bl** de *bleu*.
  - **cr** de *cri* et **gr** de *grand*.

**29 Complète :**

• par **pl** ou **bl** : une …ante, une éta…e, du sa…e, une …ume, du …é. • par **tr** ou **dr** : c'est …ôle, il est …iste, il a …ouvé, ven…edi, la fou…e. Réussite : /10

**30 Complète :**

• par **cr** ou **gr** : du vinai…e, une …avate, elle est …osse, du su…e, un ti…e, c'est …ave. • par **fr** ou **vr** : du poi…e, c'est …oid, mon …ère, il est pau…e. Réussite : /10

**31 Complète :**

• par **cl** ou **gl** : une …oche, une é…ise, une épin…e, un …ou. • par **pr** ou **br** : la cham…e, le …as, un …unier, c'est …atique, la …anche, une …ique. Réussite : /10

# 11 mots terminés par -er, -eur, -re

Orthographe d'usage

Observe

Retiens

- Je ne confonds pas l'écriture :
  – du son « é » de *monter* → e.r
  – du son « eur » de *moteur* → e.u.r
  – du son « re » de *monstre* → r.e

**32 Classe ces mots en trois groupes : les mots terminés par -er, par -eur et par -re.**

la couleur, la lecture, couper, un voleur, un chanteur, octobre, du sucre, chasser, un promeneur, la figure.

Réussite : /10

**33 Complète par er, par eur ou par re.**

il est pauv…, il va neig…, la foud…, la chal…, aim… lire, c'est prop…, avoir p…, rest… ici, la doul…, c'est un ord… .

Réussite : /10

**34 Complète par er, par eur ou par re.**

la confitu…, regard…, une bonne od…, bonjour doct…, du sel et du poiv…, un ment…, se lev… tard, un méti…, rend… un liv… .

Réussite : /10

## 12 ion, ian, ien / oin, ain, ein

Orthographe d'usage

Règles

Observe

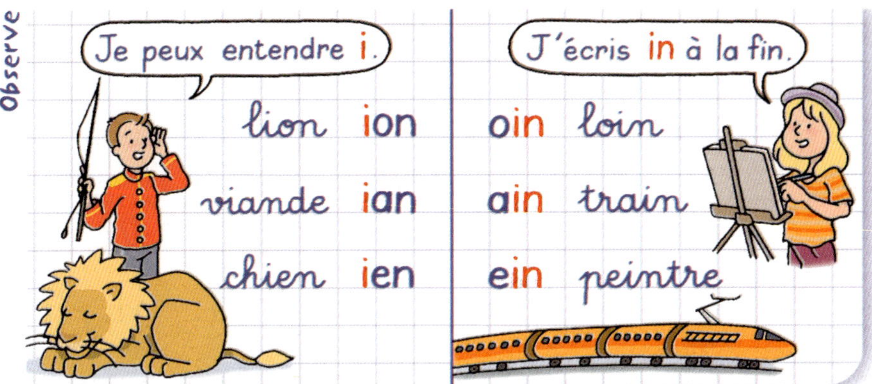


Retiens

- Je fais attention à l'ordre des lettres : i.o.n comme dans *lion*, i.a.n comme dans *viande*, i.e.n comme dans *chien*.
- J'écris in à la fin de oin, de ain et de ein.

**35 Classe les mots suivants en deux groupes : ceux qui ont ion, ian, ien, et ceux qui ont oin, ain, ein.**

rien, loin, un peintre, un lion, un point, un triangle, un bain, les reins, bien, le lendemain. Réussite : /10

**36 Complète :**

- par **ion** ou **oin** : dans un c..., un cam..., une réun..., une botte de f... .
- par **ian** ou **ain** : manger du p..., la m... droite, de la v...de.
- par **ien** ou **ein** : les fr...s, c'est le m..., un gard... .

Réussite : /10

**37 Complète par ion, ien, oin, ein ou ain.**

un gros ch..., un av..., dem..., de la p...ture à l'eau, un tr..., la p...te de l'épée, en avoir bes..., la respirat..., comb..., la récréat... . Réussite : /10

# 13 ill, aill, eill, euill, ouill

Orthographe d'usage

Observe

un papillon — i — ill
de la paille — a — aill
une bouteille — è — eill
des feuilles — eu — euill
une grenouille — ou — ouill

Retiens

- Dans *papillon*, j'entends « i » : j'écris **ill**.
- Dans *paille*, j'entends « a » : j'écris **a.ill**.
- Dans *bouteille*, j'entends « è » : j'écris **e.ill**.
- Dans *feuille*, j'entends « eu » : j'écris **eu.ill**.
- Dans *grenouille*, j'entends « ou » : j'écris **ou.ill**.

**38 Complète par ill ou ille.**

une fam…, une grenou…, un b…et, un pap…on, une chen…, une past…, de la rou…, une f…, de la van…, le feu…age. Réussite : /10

**39 Complète par a ou e.**

une bout…ille, de la p…ille, une ab…ille, les éc…illes du poisson, une corb…ille, une grande t…ille, un or…iller, les m…illes du tricot, des gros…illes, une bat…ille.

Réussite : /10

**40 Complète par aill, eill ou euill.**

Il a gagné une méd…e. • J'écris sur une f…e de papier. • Lundi, c'est la v…e de mardi. • Il a fait un tas de c…oux. • C'est beau, quelle merv…e ! Réussite : /5

# 14 mots terminés par -ail, -eil, -euil ou -aille, -eille, -euille

Orthographe d'usage

Observe

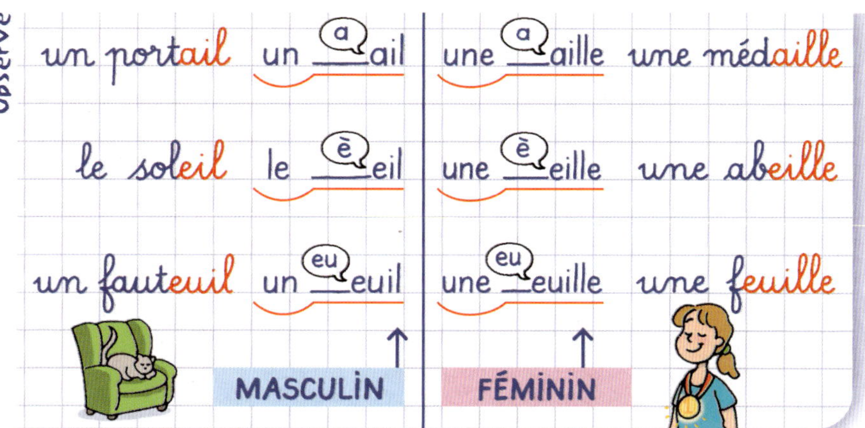


Retiens

- J'écris **ail**, **eil**, **euil** à la fin de mots masculins : *un portail, le soleil, un fauteuil.*
- J'écris **aille**, **eille**, **euille** à la fin de mots féminins : *une médaille, une abeille, une feuille.*

**41** **Écris ces mots en ajoutant un ou une.**

bouteille, abeille, portail, feuille, médaille, fauteuil, réveil, paille, travail, écureuil. Réussite : /10

**42** **Complète par il ou par ille.**

un appare… photo
une ore… de lapin
la corbe… du chat

jouer à la bata…
un éventa… en papier

Réussite : /5

**43** **Complète par il ou par ille.**

Cet oiseau est une ca… . • Le sole… brille. • J'entends sonner le réve… . • Je me suis cogné le gros orte… . • Cette vie… dame marche avec une canne. Réussite : /5

# 15 ay, oy, uy

Orthographe d'usage

Observe

Retiens

- Quand la lettre **y** est juste après **a**, **o**, **u**, elle vaut **deux i** : *des crayons* (crai-ions), *joyeux* (joi-ieux), *bruyant* (brui-iant).

**44** **Relie chaque mot au bon groupe de lettres, puis entoure-le dans le mot.**

| | | | |
|---|---|---|---|
| voyager | ay | s'appuyer | ay |
| un crayon | oy | essayer | oy |
| joyeux | uy | un employé | uy |

Réussite : /5

**45** **Écris les mots qui contiennent ay.**

balayer, essuyer, des rayures, des bagages, les rayons du soleil, le raisin, payer, un paysage, un pyjama.

Réussite : /5

**46** **Écris les mots qui contiennent oy.**

aboyer, se mouiller, envoyer, revoir, la propreté, payer, nettoyer, le loyer, un stylo, un voyageur.

Réussite : /5

**47** **Écris les cinq mots où y se prononce comme deux i.**

envoyer, une syllabe, un balayeur, un mystère, un jury, une voyelle, un tuyau, un lycée, se noyer.

Réussite : /5

# 16 m avant m, b, p

Orthographe d'usage

Observe

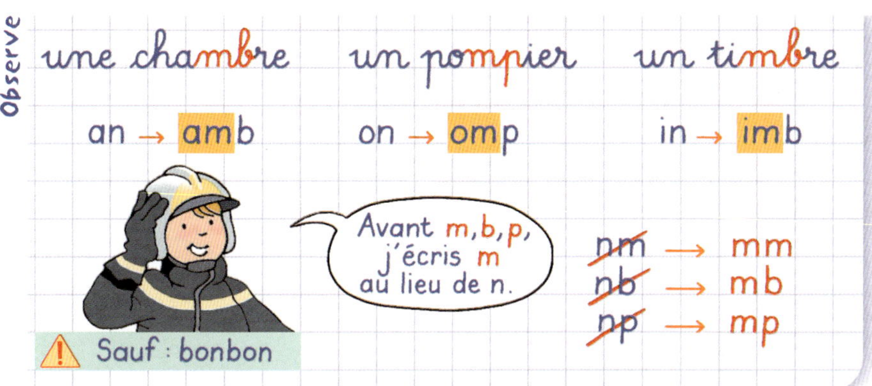


Retiens

- Juste avant les lettres **m**, **b** et **p**, on écrit un **m** à la place d'un **n** : *une cha**mb**re, un po**mp**ier, un ti**mb**re.*

**48 Complète par an ou par am.**

une ch…bre, une ch…son, une br…che, une j…be, mél…ger, un ch…pignon, un p…tin, un t…bour, une pl…che, une l…pe. Réussite : /10

**49 Complète par on ou par om.**

t…ber, le m…de, un n…bre, une p…pe, dém…ter, c'est s…bre, un b…bon, une rép…se, renc…trer, la c…pote.

Réussite : /10

**50 Complète par in ou par im.**

un t…bre, un pr…ce, être …poli, une ép…gle, gr...per, une d…de, c'est s…ple, le s…gulier, …primer, …possible.

Réussite : /10

**51 Complète par en, on, in, ou par em, om, im.**

v…dre, …mener, c'est …juste, déc…bre, un c…pagnon, la tr…pe de l'éléphant, r…dre, c'est …portant, nov…bre, une r…de. Réussite : /10

# 17 s / ss

Orthographe d'usage

Observe

une classe

J'entends sss...

cla ss e (a, o, u, e, i — ss — a, o, u, e, i)

une voyelle avant

une voyelle après

une maison

J'entends zzz...

Souvent, j'écris s. Parfois, j'écris z.

Retiens

- Le son « s » s'écrit avec **deux s** quand il y a une voyelle juste avant et une voyelle juste après : *une classe*.
- Le son « z » s'écrit très souvent avec la lettre s : *une maison*.

**52 Classe ces mots en deux groupes : ceux qui ont s et ceux qui ont ss.**

un oiseau, une maison, un chasseur, une classe, une rose, mon cousin, une tasse, un poisson, une chemise, un coussin.

Réussite : /10

**53 Complète par s ou ss.**

une vali…e, la cha…e, une u…ine, un vi…age, elle est gro…e, un vi…iteur, une pou…ette, une bro…e, une égli…e, un ba…in.

Réussite : /10

**54 Complète par s ou ss.**

le pa…é, un maga…in, mademoi…elle, la maître…e, un tré…or, c'est u…é, une divi…ion, le ti…age, un de…in, une surpri…e.

Réussite : /10

# 18 j- / -ge / gi

Orthographe d'usage

Observe

Retiens

- Pour avoir le son « j » de *je*, j'écris souvent **j-** au début des mots : *joli, jupe*. J'écris toujours **-ge** à la fin des mots : *image, rouge*.
- Avant un **i**, j'écris toujours **g** : *girafe*.

**55** **Classe ces mots en deux groupes : ceux qui commencent par j- et ceux qui se terminent par -ge.**

un jardinier, jeudi, rouge, le courage, juste, un singe, une jupe, large, une courge, une tige.

Réussite : /10

**56** **Complète par j ou par ge.**

le …ournal, c'est …oli, une ima…, du froma…, …ouer au ballon, un …ardin, une oran…, une …ournée, …anvier, une épon… .

Réussite : /10

**57** **Complète par j, par g, ou par ge.**

une ca…, une …irafe, il est sa…, un …ouet, un …ilet, une …ambe, je man… bien, c'est …aune, un villa…, un ré…ime.

Réussite : /10

# 19 gue, gui

Orthographe d'usage

Observe

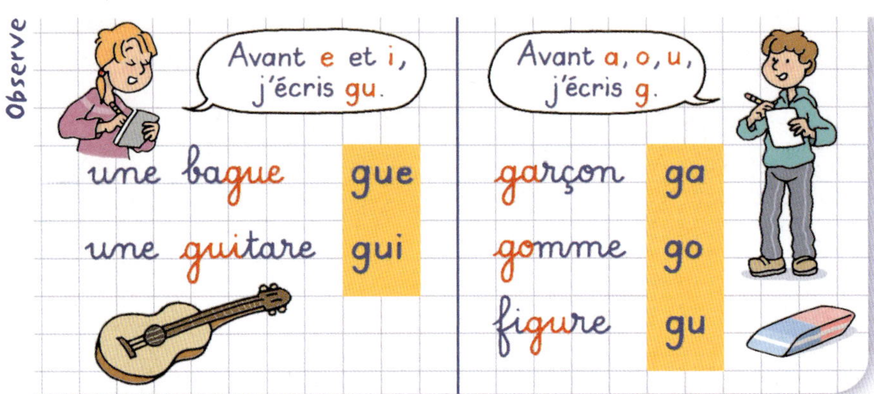


Retiens

- Pour avoir le son « g » de *garçon*, j'écris g avant a, o, u et j'écris gu avant e et i : *bague, guitare*.

**58 Classe ces mots en deux groupes : ceux qui ont gu et ceux qui ont g.**

la gare, grand, une guêpe, gourmand, une guitare, gonfler, le guidon, une marguerite, regarder, une bague.

Réussite : /10

**59 Complète par g ou gu.**

la lan…e, c'est a…réable, il est fati…é, une …omme, un ma…asin, la …erre, le re…ard, un dra…on, …ider, se dé…iser.

Réussite : /10

**60 Complète par g ou gu.**

un grand …arçon
l'heure du …oûter
une ba…ette magique
conju…er un verbe
manger des lé…umes

les …irlandes du sapin
avancer comme un escar…ot
plonger dans les va…es
se salir la fi…ure
suivre le …ide

Réussite : /10

# 20 que, qui

Orthographe d'usage

Règles

Observe

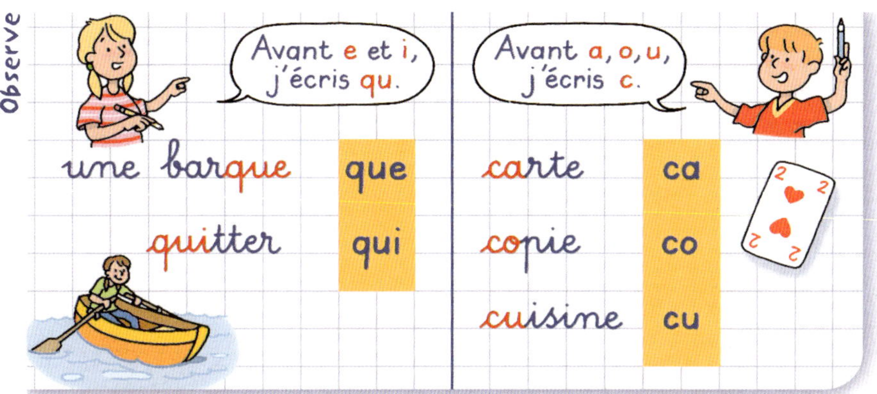


Retiens

- Pour avoir le son « c » de *carte*, j'écris c avant a, o, u et j'écris qu avant e et i : *barque, quitter*.

**61 Classe ces mots en deux groupes : ceux qui ont qu et ceux qui ont c.**

la musique, une école, du café, des quilles, une carte, une barque, une corde, le calcul, quitter, un requin.

Réussite : /10

**62 Complète par c ou qu.**

une bri…e, …oudre, se mo…er, la …uisine, une remar…e, une …abine, un dis…e, cal…uler, se …ouper, une ban…e.

Réussite : /10

**63 Complète par c ou qu.**

la piste du cir…e
se mettre en …olère
un bou…et de fleurs
un …adeau de Noël
se tenir en é…ilibre

le …arnaval de Nice
un enfant …urieux
une tartine de …onfiture
un outil très prati…e
une fla…e d'eau

Réussite : /10

# 21 ge, gi ; gea, geo

Orthographe d'usage

Observe

Retiens

- Pour avoir le son « j » de *je*, la lettre g doit toujours être suivie d'un e ou d'un i : *une girafe, l'orangeade*.

**64** **Complète par g ou ge.**

Il est très sa...e. • Ce pi...on mange dans ma main. • Le chasseur tue le ...ibier. • J'habite dans un petit villa...e. • Aimes-tu l'oran...ade ? Réussite : /5

**65** **Complète par g ou ge.**

Voici une ...erbe de fleurs. • Il suit un ré...ime. • Il a mis des piè...es. • Ton ...ilet a une tache. • Nous chan...ons de voiture. Réussite : /5

**66** **Complète les verbes conjugués par g ou ge.**

manger → Nous man...ons des fruits.
nager → Cet été, il na...ait beaucoup.
voyager → Tu voya...eras en train.
mélanger → Vous mélan...ez les cartes.
neiger → Il nei...ait souvent en hiver. Réussite : /5

# 22 ce, ci ; ça, ço, çu

Orthographe d'usage

Règles

Observe

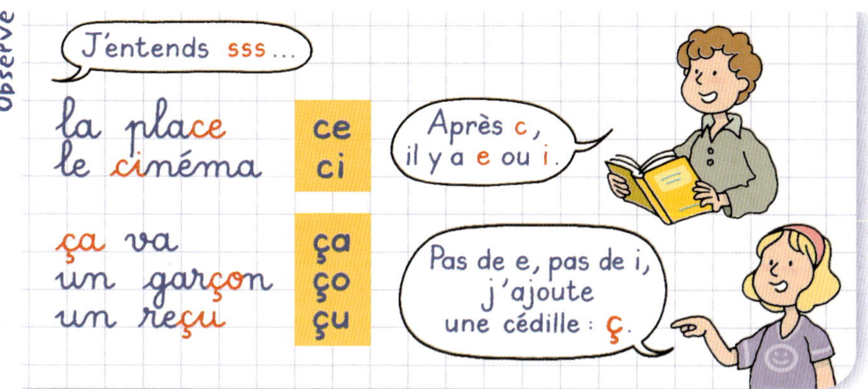


Retiens

- Pour avoir le son « s », la lettre c doit toujours être suivie d'un e ou d'un i. Quand elle n'est pas suivie d'un e ou d'un i, j'ajoute **une cédille** et j'écris ç : *un garçon*.

**67** **Complète par c ou ç.**

La lima…e n'a pas de coquille. • Son père est ma…on. • C'est le mois de dé…embre. • Sophie sait bien sa le…on. • Avec des pommes, on fabrique du …idre. Réussite : /5

**68** **Complète par c ou ç.**

Le gla…on a fondu. • Voi…i mon frère. • Il est allé au …irque. • Tu peux la…er tes souliers.• Ce gar…on s'appelle José. Réussite : /5

**69** **Complète les verbes conjugués par c ou ç.**

remplacer → Le maître a été rempla…é.
sucer → Elle su…ait un bonbon.
bercer → Nous ber…ons le bébé.
enfoncer → Vous enfon…ez des clous.
recevoir → Il a re…u une lettre. Réussite : /5

# 23 le découpage en syllabes

Orthographe d'usage

Observe

Retiens

- Les mots peuvent se couper en **syllabes** : *sou-ris, ver-te.*
- Quand il y a deux fois la même lettre, je coupe en syllabes entre les deux lettres : *bal-lon.*

**70 Copie ces mots en attachant les syllabes.**

Ex. : cal-cu-ler → calculer.

une ni-che, oc-to-bre, pro-pre, tom-ber, mer-cre-di, une cra-va-te, une jour-née, un pois-son, per-son-ne, re-gar-der.

Réussite : /10

**71 Coupe ces mots en syllabes.**

Ex. : dimanche → di-man-che.

une maladie, une maison, une voiture, sauter, la terre, une planche, sage, tourner, une balle, un biberon. Réussite : /10

**72 Coupe ces mots en syllabes.**

une image, mardi, la confiture, solide, un meuble, une cheminée, un chasseur, suivre, un journal, une pomme.

Réussite : /10

# 24 les accents

Orthographe d'usage



Observe

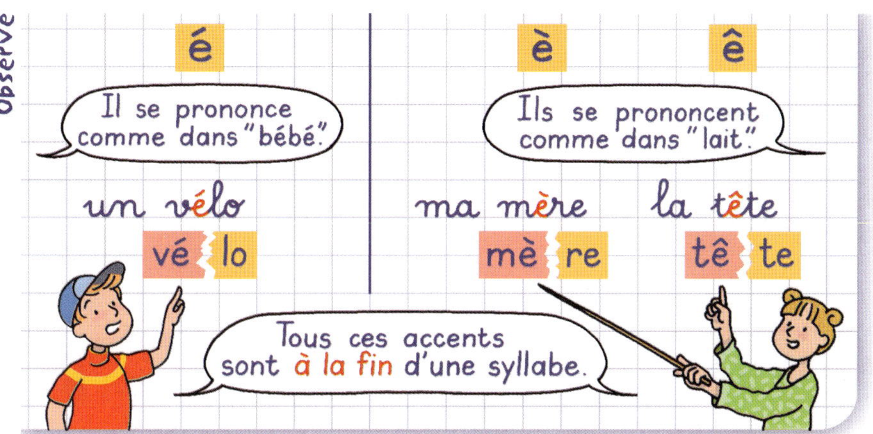


Retiens

- **Les accents** sur le **e** montrent comment on prononce cette lettre.
- Il y a **l'accent aigu** (é) pour prononcer « **é** » comme dans *vélo*.
- Il y a **l'accent grave** (è) pour prononcer « **è** » comme dans *mère*, et **l'accent circonflexe** (ê), comme dans *tête*.

**73** **Copie en ajoutant les accents aigus (é) ou graves (è).**

un velo, une riviere, un zebre, une ecole, mon pere, penible, une reponse, une vipere, ecouter, du cafe. Réussite : /10

**74** **Écris ces mots en ajoutant les accents aigus (é) ou circonflexes (ê).**

un melange, une tete, la fete, des legumes, une bete, une ecrevisse, une fenetre, zero, demonter, une peche.

Réussite : /10

**75** **Ajoute les accents aigus ou graves qui manquent.**

une epine, une menagerie, ton frere, un tresor, les levres, une piece, un regime, c'est agreable, elle est seche, eplucher.

Réussite : /10

# 25 accent ou pas d'accent

Orthographe d'usage

Observe

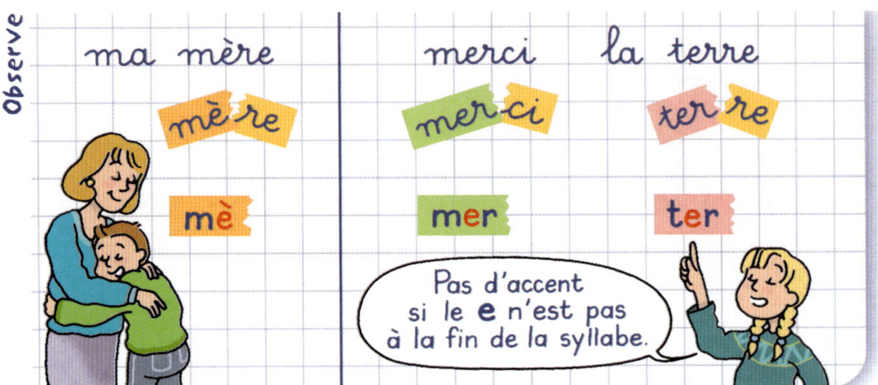


Retiens

- À la fin d'une syllabe, je mets un accent si le e se prononce « è » : *mè-re*.
- Quand un e qui se prononce « è » n'est pas à la fin de la syllabe, il n'a pas besoin d'accent : *mer-ci.*

**76 Écris seulement les mots où la lettre e se lit « è ».**

perdu, de l'eau, du sel, un enfant, une veste, petit, un escargot, une femme, une perle. Réussite : /5

**77 Écris ces mots en attachant les syllabes. Ajoute les accents graves qui manquent.**

un pie-ge, des lie-vres, une che-vre, fer-mons la porte, une sou-pie-re, un mer-le, une four-chet-te, de l'her-be, un pro-ble-me, mer-cre-di. Réussite : /10

**78 Écris ces mots en attachant les syllabes. Ajoute les accents graves qui manquent.**

une sor-cie-re, la lec-tu-re, cher-che, fi-de-le, le tre-fle, der-rie-re, le di-rec-teur, une fer-me, un sie-ge, le res-te.

Réussite : /10

# 26 noms en -ier, -ière

Orthographe d'usage



Observe

Retiens

- Beaucoup de noms se terminent par **-ier** ou **-ière** : *un pommier, une rivière.*
- Pour certains noms, **-ière** est le féminin de **-ier** : *un écolier → une écolière.*

**79 Voici des noms féminins. Écris leur masculin.**

Ex. : une écolière → un écolier.

la fermière, une ouvrière, une caissière, la cuisinière, la pâtissière.

Réussite : /5

**80 Voici des noms masculins. Écris leur féminin.**

Ex. : un cavalier → une cavalière.

un épicier, un sorcier, un infirmier, le premier, le charcutier.

Réussite : /5

**81 Complète par ier ou par ière.**

un prun…, le jardin…, une soup…, le singul…, de la b…, un mét…, une riv…, du pap…, un sucr…, la lum… .

Réussite : /10

# 27 nom féminins en -ée / -té

Orthographe d'usage

Observe

Retiens

- Beaucoup de noms féminins sont terminés par é.e : *une matinée, une soirée.*
- Beaucoup de noms féminins sont terminés par t.é : *la santé, la propreté.*

**82 Complète par ée ou té.**

la chemin…, la bon…, une poup…, une journ…, la rapidi…, une ann…, la beau…, une bouch…, de la pur…, une quali… .

Réussite : /10

**83 Complète par ée ou té.**

la fum…, la ros…, la volon…, une id…, une dict…, la sale…, une f…, une entr…, la san…, la pauvre… .

Réussite : /10

**84 Complète par ée, té ou é.**

une all…, de la chicor…, la liber…, l'utili…, une soir…, une poign…, la chari…, l'arm…, une cl…, une pens… .

Réussite : /10

# 28 mots en -elle, -ette, -esse

Orthographe d'usage

Règles

Observe

Retiens

- Beaucoup de mots féminins sont terminés par **-elle**, **-ette** ou **-esse** : *une échelle, une cachette, une adresse.*

**85** **Complète par elle, ette ou esse.**

une b… maison, une princ…, une brou…, une cach…, une viol…, mon adr…, une rond…, tenir une prom…, la sem… de mes chaussures, une éch… .

Réussite : /10

**86** **Complète par elle, ette ou esse.**

une maisonn…, mademois…, la maîtr…, une chap…, une poch…, faire une tr… avec ses cheveux, une mou…, une paire de lun…s, la vit…, un râteau et une p… .

Réussite : /10

**87** **Complète par elle, ette ou esse.**

une assi…, la rich…, de la dent…, des mi…s de pain, des chauss…s, la m… de minuit, mettre une bav…, de la fic…, une car…, faire sa toil… .

Réussite : /10

# 29 noms en -oir / -oire

Orthographe d'usage

Observe

Retiens

- Au masculin, les noms terminés par le son « oir » s'écrivent souvent o.i.r : *un mouchoir*.
- Au féminin, les noms terminés par le son « oir » s'écrivent toujours o.i.r.e : *une poire*.

**88 Écris ces mots en ajoutant un ou une.**

armoire, devoir, foire, miroir, dortoir, victoire, trottoir, séchoir, nageoire, balançoire. Réussite : /10

**89 Complète par oir ou oire.**

C'est le s... . • Il y a un lavabo et une baign... . • Elle a de la mém... . • Il arrose avec un arros... . • Ma commode a trois tir...s. Réussite : /5

**90 Complète par oir ou oire.**

On se mouche avec un mouch... . • Mamie me raconte une hist... . • Papa se rase avec un ras... . • L'eau passe à travers la pass... . • Les portes des classes s'ouvrent sur un coul... . Réussite : /5

# 30 la ponctuation

Orthographe d'usage



Observe

Retiens

- Une phrase commence par **une lettre majuscule** et se termine par **un point**.
- Après un point, on écrit une majuscule.
- Dans une phrase, quand on s'arrête un peu, on met **une virgule**.

**91 Ajoute les majuscules et les points qui manquent.**

elle va faire du judo
mon chien aime les os
ils boivent du lait
la soupe est très chaude
j'ai un livre de lecture

Réussite : /5

**92 Copie en ajoutant les majuscules qui manquent.**

il pleut. la vache n'est pas contente. on l'a laissée à l'étable. elle veut aller dans le pré. prêtons-lui un parapluie.

Réussite : /5

**93 Remplace chaque trait par un point ou une virgule.**

Mélanie enfile ses bottes | met son manteau et prend son cartable | Julie l'attend dans la rue | Ce matin | c'est la rentrée des classes |

Réussite : /5

# 31 les mots invariables

Orthographe d'usage

Observe

Retiens

- Un mot invariable est un mot qui ne change jamais d'orthographe. Il n'a pas de féminin, ni de pluriel.

**94** **Complète avec les mots sur fond bleu.**

| | |
|---|---|
| dans | Il n'aime … le chou. |
| pas | Trois vient juste … deux. |
| mais | Le chat s'est caché … la table. |
| après | Mon mouchoir est … ma poche. |
| sous | Il fait froid, … j'ai un anorak très chaud. |

Réussite : /5

**95** **Complète avec les mots sur fond bleu.**

| | |
|---|---|
| sur | … mon frère. |
| pour | Le matin, il part pour l'école … moi. |
| voici | Il est petit. Je dois … l'aider à s'habiller. |
| avec | Je lui mets son foulard … le nez … qu'il |
| donc | ne s'enrhume pas. |

Réussite : /5

**96** **Complète avec les mots sur fond bleu.**

| | |
|---|---|
| autre | Je cours … de la cour. |
| autour | Je passe … les arbres. |
| contre | La cloche sonne, nous jouerons … . |
| entre | Elle appuie son vélo … le mur. |
| demain | Jouons à un … jeu. |

Réussite : /5

**97** **Complète avec les mots sur fond bleu.**

| | |
|---|---|
| fois | Viens …, nous sommes en retard. |
| trois | Non, je ne veux … . |
| deux | La dernière …, il n'est pas venu. |
| rien | J'ai compté : un, …, … . |
| vite | |

Réussite : /5

**98** **Complète avec les mots sur fond bleu.**

| | |
|---|---|
| en | Caroline regarde … la fenêtre. |
| par | Elle s'est assise … de moi. |
| près | Bientôt, nous partirons … vacances. |
| plus | Réfléchissez, … écrivez la réponse. |
| puis | Elle venait, maintenant elle ne vient … . |

Réussite : /5

**99** **Complète avec les mots sur fond bleu.**

| | |
|---|---|
| car | De … avez-vous parlé ? |
| bien | En veux-tu … un peu ? |
| quoi | Il a très … travaillé. |
| comme | Elle prend le bus … elle habite loin. |
| encore | Carole a une poupée … la tienne. |

Réussite : /5

# 32 il est, ils sont

Homophones grammaticaux

Observe

Retiens

- **est**, c'est le verbe **être** au présent, à la 3e personne du singulier : *il est, elle est, on est.*
- **sont**, c'est le verbe **être** au présent, à la 3e personne du pluriel : *ils sont, elles sont.*

**100** **Écris les cinq phrases possibles.**

Ex. : la famille est réunie.

| | | |
|---|---|---|
| mon ballon - le canari<br>la confiture - le feu<br>**la famille** →<br>cette armoire | **est** → | sucrée<br>**réunie** - chaud<br>haute - rond<br>jaune |

Réussite : /5

**101** **Écris les cinq phrases possibles.**

Ex. : les avions sont rapides.

| | | |
|---|---|---|
| les couleuvres<br>les boutons - **les avions** →<br>les balcons - les tartes<br>les camions | **sont** → | **rapides**<br>cousus - cuites<br>arrêtés - fleuris<br>endormies |

Réussite : /5

# 33 il a, ils ont

Homophones grammaticaux



Observe

Retiens

- **a**, c'est le verbe **avoir** au présent, à la 3e personne du singulier : *il a, elle a, on a.*
- **ont**, c'est le verbe **avoir** au présent, à la 3e personne du pluriel : *ils ont, elles ont.*

**102 Écris les cinq phrases possibles.**

Ex. : Son père a de la barbe.

| | | |
|---|---|---|
| la voiture<br>l'escargot - **son père**<br>la rose - mon vélo<br>ma chatte | **a** | des chatons<br>deux roues - une coquille<br>**de la barbe** - un moteur<br>des pétales |

Réussite : /5

**103 Écris les cinq phrases possibles.**

Ex. : Les maisons ont un toit.

| | | |
|---|---|---|
| **les maisons**<br>les arbres - les églises<br>ses robes - les oiseaux<br>les chasseurs | **ont** | des plumes<br>des branches<br>**un toit** - un fusil<br>un col - un clocher |

Réussite : /5

# 34 son, sa, ses

Homophones grammaticaux

Observe

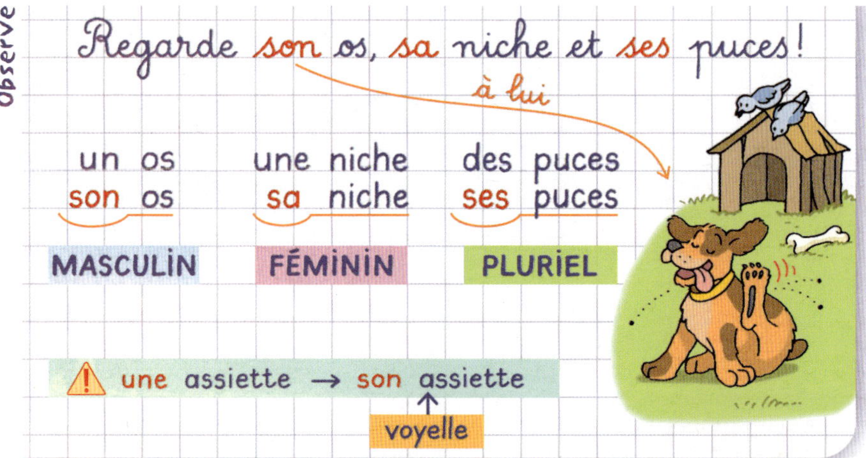


Retiens

- **son** et **sa** vont toujours avec un nom au **singulier** ; **son** veut dire *le sien*, **sa** veut dire *la sienne* : *son os, sa niche.*
- **ses** va toujours avec un nom au **pluriel** ; **ses** veut dire *les siens* ou *les siennes : ses puces.*

**104 Remplace un, une ou des par son, sa ou ses.**

une robe, un chien, des plantes, une maison, un costume, une tasse, des canaris, des cahiers, une chambre, une école.

Réussite : /10

**105 Remplace son, sa ou ses par un, une ou des.**

sa tartine, ses bonbons, son auto, sa barbe, son chalet, sa tête, son torchon, ses jouets, ses animaux, son bol.

Réussite : /10

**106 Complète par son, sa ou ses.**

Elle a mis … jupe rouge. • … frères s'appellent Jean et Luc. • Tous … livres tiennent dans … cartable. • … problème est juste.

Réussite : /5

# 35 et / ou

Homophones grammaticaux

Observe

Retiens

- Quand j'écris **et**, j'écris que j'ajoute quelque chose :
  *un vélo et un casque → un vélo* **et puis** *un casque.*
- Quand j'écris **ou**, j'écris que je choisis entre deux choses :
  *un robot ou une fusée → un robot* **ou bien** *une fusée.*

**107 Complète par et ou par ou.**

J'ai une tortue … un chat. • Il a deux ours : un noir … un roux. • Choisis : un vélo … une moto. • La pie a un bec … des plumes. • Préfères-tu une tarte … un fruit ?

Réussite : /5

**108 Complète par et ou par ou.**

S'appelle-t-il Luc … Léo? • J'aime les poires … les prunes. • Il a été malade deux jours : lundi … mardi. • Je veux du pain … du beurre, … bien je ne mange rien.

Réussite : /5

**109 Complète par et ou par ou.**

Il a un frère … une sœur. • Iras-tu en avion … en train? • Philippe … David sont mes copains. • Maman a servi la viande … les légumes. • Mets tes souliers … tes bottes.

Réussite : /5

# 36 où, à

Homophones grammaticaux

Observe

Retiens

- **où** (avec accent) indique souvent un endroit :
  *à quel endroit va-t-il ? → **où** va-t-il ?*
- **à** (avec accent) indique souvent un endroit ou un moment :
  *à quel endroit ? → **à** l'école ; à quel moment ? → **à** midi.*

**110 Trouve la bonne réponse à chaque question.**

Ex. : Où acheter des légumes ? → **à** l'épicerie.

| | |
|---|---|
| Où acheter des légumes ? | à dix heures |
| Où habites-tu ? | à la tête |
| À qui pense Raphaël ? | à la campagne |
| Quand les feuilles tombent-elles ? | **à** l'épicerie |
| Où as-tu mal ? | à son ami |
| Quand viendras-tu me voir ? | à l'automne |

Réussite : /5

**111 Complète par à ou par où.**

Isabelle habite … Nantes. • D'… vient ce miel ? • … se trouve la salle de sport ? Elle est … côté de la mairie. • Je ne sais plus … j'ai acheté ces tasses.

Réussite : /5

# 37 et / est

Homophones grammaticaux

Observe

Retiens

- **et** indique que j'ajoute quelque chose : *une maison et un arbre* → *une maison* **et puis** *un arbre*.
- Quand j'écris **est**, j'écris le verbe **être** : *la maison est jolie*.

**112 Complète par et ou par est.**

J'ai un lit … une table. Ce lit … en bois. Pic … Puce jouent.

La poule … un gros oiseau. Il y a des bananes … des poires.

Réussite : /5

**113 Complète par et ou par est.**

Je mange du pain … de la confiture. • Je couvre mes livres … mes cahiers. • Le directeur … venu en classe. • Avant de traverser, regarde bien à droite … à gauche. • La voiture de mon oncle … en panne.

Réussite : /5

# 38 son / sont

Homophones grammaticaux

Observe

Retiens

- **son** accompagne toujours un nom au singulier. Il veut dire **le sien** : *son livre*.
- **sont**, c'est le verbe **être** à la 3e personne du pluriel du présent : *ils sont en classe* (il s'agit d'*être en classe*).

**114** **Complète par son ou sont.**

Voici … père. Elle pense à … chien. Ils … contents.

Les voitures … arrêtées. C'est … arbre préféré.

Réussite : /5

**115** **Complète par son ou sont.**

Le soir, les rues … calmes. • C'est … sac ou c'est le tien ? • Il m'a prêté … torchon. • Les images … dans le tiroir. • … timbre est mal collé.

Réussite : /5

# 39 a / à

Homophones grammaticaux



Observe

Retiens

- a est le verbe **avoir** à la 3$^{e}$ personne du singulier du présent.
  a peut être conjugué avec un verbe : *il a bu* (*avoir bu*).
- à (avec accent) est un petit mot invariable (comme *dans*, *pour*, *de*, *en*, *par*, *sur*…).

**116 Écris les expressions construites avec avoir.**

Ex. : Bébé a un biberon → avoir un biberon.

Julien a un lapin. • Elle a un vélo rouge. • La branche a cassé. • Ma jupe a des plis. • Il a du courage.

Réussite : /5

**117 Complète par a (avoir) ou par à.**

Claire … aimé le gâteau. • Voici une armoire … linge. • Tourne … droite, puis … gauche. • Samia … chanté.

Réussite : /5

**118 Complète par a (avoir) ou par à.**

La pomme … des pépins. • On … mangé … la cantine. • C'est une planche … roulettes. • On … demandé … boire. • Veux-tu jouer … la marelle? • Une semaine … sept jours. • On … épluché des oranges. • La rose … des épines.

Réussite : /10

# 40 ce, cette, ces

Homophones grammaticaux

Observe

Retiens

- **ce**, **cette** ou **ces** servent à dire que l'on montre.
- **ce** va avec un nom **masculin singulier** : *ce camion.*
- **cette** va avec un nom **féminin singulier** : *cette voiture.*
- **ces** va avec un nom au **pluriel** : *ces motos.*

**119 Remplace ce, cette, ces par un, une, des.**

Ex. : ce camion → un camion.

ce mouton, ces devoirs, cette biche, ce nuage, cette fleur.

Réussite : /5

**120 Remplace un, une, des par ce, cette, ces.**

un carton, une brique, une bobine, des croix, des élèves, un chemin, une dictée, des chansons, un pilote, un livre.

Réussite : /10

**121 Complète par ce, cette ou ces.**

Il faut faire … devoir. • Je n'aime pas … couleur. • Rends-moi … pions. • … lit est très grand. • Veux-tu mettre … robe ? • Donnez-moi … tranche de melon. • … garçon est sage. • … roses sentent bon. • … valises sont lourdes. • J'ai recopié … liste.

Réussite : /10

# 41 cet, cette

Homophones grammaticaux

Observe

Retiens

- J'écris **cet** avant un nom masculin singulier, quand ce nom commence par **une voyelle** ou **un h muet** : *cet oiseau, cet homme.*
- J'écris **cette** avant un nom féminin singulier : *cette pie.*

**122 Remplace cet ou cette par un ou une.**

Ex. : cet oiseau → un oiseau.

cet homme, cette usine, cette voiture, cet enfant, cet arbre.

Réussite : /5

**123 Remplace un ou une par cet ou cette.**

Ex. : une poule → cette poule.

un ami, une personne, un ordre, un avion, une semaine.

Réussite : /5

**124 Complète par cet ou cette.**

Donne … os au chien. • … robe est jolie. • … animal n'est pas méchant. • L'hiver est froid … année. • … plage est propre. • Comme … âne est têtu ! • … orage menace la vigne. • … escalier mène à la cave. • Où va … autobus ? • Je choisis … image.

Réussite : /10

# 42 se, s'

Homophones grammaticaux

Observe

Retiens

- **se** fait partie d'un verbe. Quand j'écris *elle se lève*, j'écris le verbe ***se lever***.
- J'écris **s'** (s apostrophe) quand le verbe commence par une voyelle : *elle s'amuse* (verbe ***s'amuser***).

**125 Pour chaque phrase, écris le verbe avec se.**

Ex. : Mélanie se lève. → se lever.

Elle se rend à la gare. • Christophe se lave seul. • On se cachera dans le bois. • Ils se retrouvent en famille. • Cette maison se loue cher. Réussite : /5

**126 Pour chaque phrase, écris le verbe avec se.**

L'histoire se passe à Paris. • Elle se mouche en faisant du bruit. • Il se retient de rire. • Le château se visite jusqu'à 20 heures. • Elle se penche par la fenêtre.

Réussite : /5

**127 Complète par se ou s'.**

Cette voiture … conduit facilement. • Il … brosse les cheveux. • Bébé … endort vite. • Il … croit fort. • La porte … ouvre toute seule. Réussite : /5

# 43 on

Homophones grammaticaux



Observe

Retiens

- **on** est un pronom de la conjugaison pour la troisième personne du singulier, comme **il** ou **elle** : *il chante, elle chante, on chante.*

**128 Complète par il, elle ou on.**

Réussite : /5

**129 Complète par il, elle ou on.**

Réussite : /5

# 44 on / ont

Homophones grammaticaux

Observe

Retiens

- **on** est un pronom personnel, comme **il** ou **elle** : *on mange*.
- **ont**, c'est la 3e personne du pluriel du verbe **avoir** : *ils ont soif*.

**130 Complète par on ou par ont.**

Réussite : /5

**131 Écris avec avoir les expressions construites avec ont.**

Ex. : Ils ont joué au ballon → avoir joué au ballon.

Elles ont vu un film. • Les élèves ont décoré la classe. • Séverine et sa sœur ont démonté leurs vélos. • Les chats ont des moustaches. • Les gardiens ont fermé la porte.

Réussite : /5

# 45 pluriel des petits mots

Accords en genre et en nombre

Observe

Retiens

- Les petits mots **les**, **des**, **mes**, **tes**, **ses**, **ces**, **nos**, **vos**, **leurs** vont toujours avec un nom au **pluriel** : *mes vaches*, *tes vaches*, *ses vaches*…

**132 Complète les petits mots.**

L… élèves sont dans la cour. • Leur… amis m'ont invité. • Je regarde m… mains. • C… oiseaux sont d… cigognes.

Réussite : /5

**133 Complète les petits mots.**

Avez-vous vu leur… ballons ? • C… arbres sont des pommiers. • T… valises sont dans la voiture. • J'ai fait tomber m… cartes. • Elle joue avec n… poupées.

Réussite : /5

**134 Complète les petits mots.**

Elle a repris s… perles ! • As-tu fini t… devoirs ? • Rends-moi m… billes. • Pensez-vous à v… vacances ? • Nous partirons avec n… enfants.

Réussite : /5

# 46 pluriel des noms : s

Accords en genre et en nombre

Observe

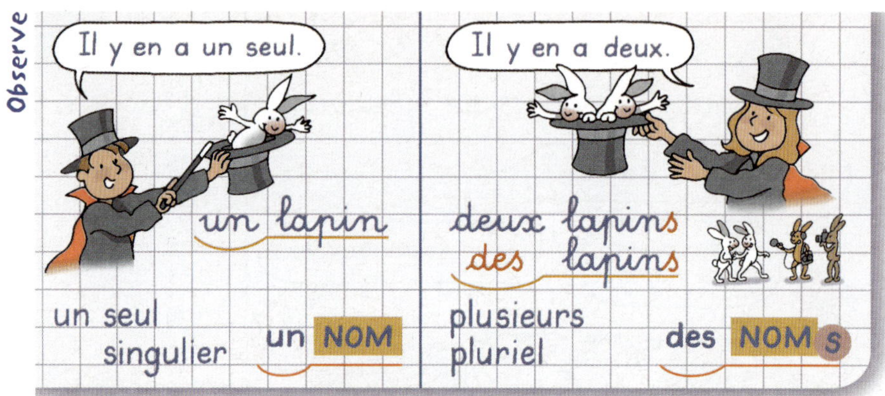


Retiens

- Un nom est au **singulier** quand il désigne une seule personne, un seul animal ou une seule chose : *un lapin*.
- Un nom est au **pluriel** quand il désigne plusieurs personnes, plusieurs animaux ou plusieurs choses. Au pluriel, on ajoute un **s** à la fin du nom : *des lapins*.

**135** **Complète par le pluriel, si c'est nécessaire.**

 des chat…  des arbre…  une vache…  les cloche…  deux sucre…

 mon poisson…  trois œuf…  mes fille…  un avion…  ces voiture…

Réussite : /10

**136** **Écris au pluriel.**

Ex. : un lapin → **des** lapin**s**.

une salade, un lion, un nuage, une famille, un costume, une statue, un lacet, un chemin, un poulet, un os. Réussite : /10

# 47 pluriel des noms : x

Accords en genre et en nombre

Observe

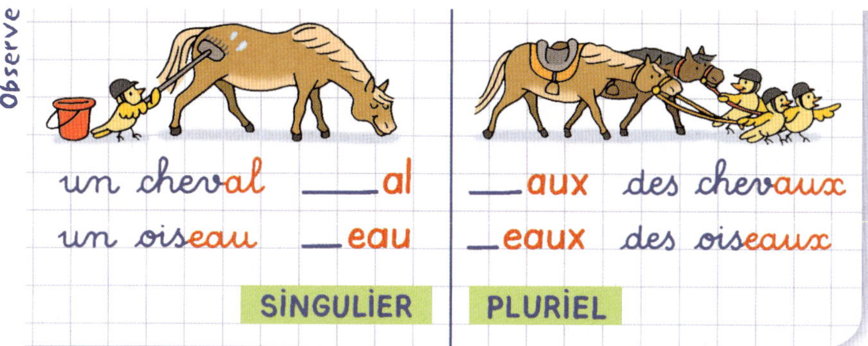


Retiens

- Un nom terminé au singulier par **-al** s'écrit en général **a.u.x** au pluriel : *un cheval, des chevaux.*
- Un nom terminé par **-eau** (**e.a.u**) s'écrit toujours **e.a.u.x** au pluriel : *un oiseau, des oiseaux.*

**137 Choisis entre aux et eaux pour compléter.**

un chapeau → des chap…
un journal → des journ…
un gâteau → des gât…
un animal → des anim…
un bureau → des bur…

Réussite : /5

**138 Écris au singulier.**

Ex. : des chevaux → un cheval.

des bateaux, des signaux, des morceaux, des drapeaux, des métaux, des cadeaux, des locaux, des corbeaux, des hôpitaux, des agneaux.

Réussite : /10

**139 Écris au pluriel.**

Ex. : un oiseau → des oiseaux.

un tableau, un canal, un seau, le cristal, un moineau, un chameau, un bocal, un poireau, un veau, un rideau.

Réussite : /10

# 48 féminin des noms

Accords en genre et en nombre

Observe

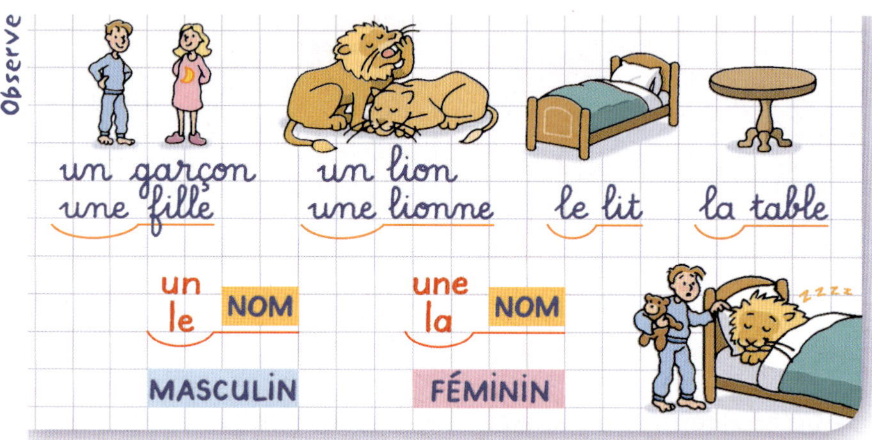


Retiens

- Un nom est **féminin** si on peut le dire avec **une** : *une fille, une lionne, une table*.
- Un nom est **masculin** si on peut le dire avec **un** : *un garçon, un lion, un lit*.

**140** **Ajoute un ou une à ces noms, puis classe-les en deux groupes : ceux qui sont au masculin et ceux qui sont au féminin.**

animal, carton, page, bouton, chanson, sapin, auto, dé, armoire, chemise. Réussite : /10

**141** **Trouve le féminin qui correspond au masculin.**

Ex. : le lion → la lionne.

un chat, un homme, le père, un coq, le frère. Réussite : /5

**142** **Trouve le masculin qui correspond au féminin.**

Ex. : la fille → le garçon.

une chanteuse, une directrice, une aviatrice, une guenon, une chienne. Réussite : /5

# 49 féminin des adjectifs

Accords en genre et en nombre



Observe

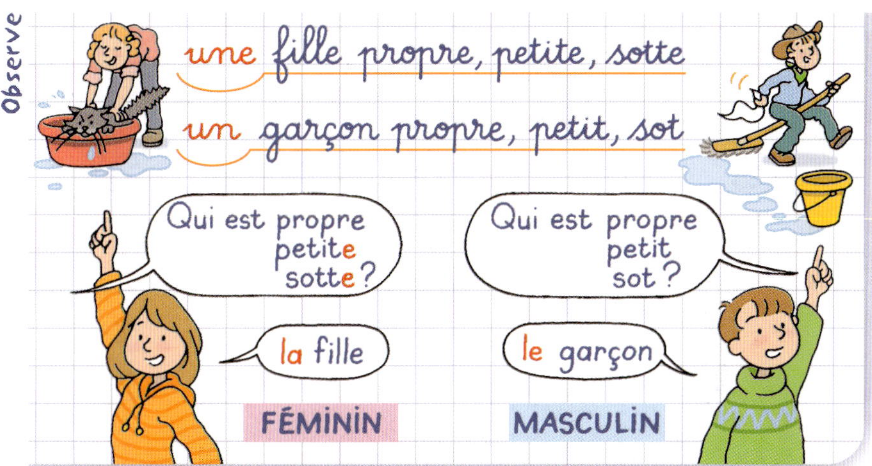


Retiens

- **L'adjectif** accompagne le nom. Il dit *comment est* une personne, un animal ou une chose : *un garçon* **qui est** *petit*.
- **Au féminin**, un adjectif se termine toujours par un **e** : *une fille* **qui est** *petite*.

**143 Écris le masculin des adjectifs suivants.**

Ex. : *elle est* sotte → *il est* sot.

*Elle est* rouge, grosse, polie, grande, sage, malade, jolie, froide, solide, triste. Réussite : /10

**144 Écris le féminin des adjectifs suivants.**

Ex. : *il est* petit → *elle est* petite.

*Il est* droit, bon, pauvre, agréable, rose, sec, chaud, libre, large, premier. Réussite : /10

**145 Écris le féminin des adjectifs suivants.**

*Il est* juste, riche, noir, gris, dur, mort, blanc, vert, rond, haut. Réussite : /10

# 50 pluriel des adjectifs

Accords en genre et en nombre

Observe

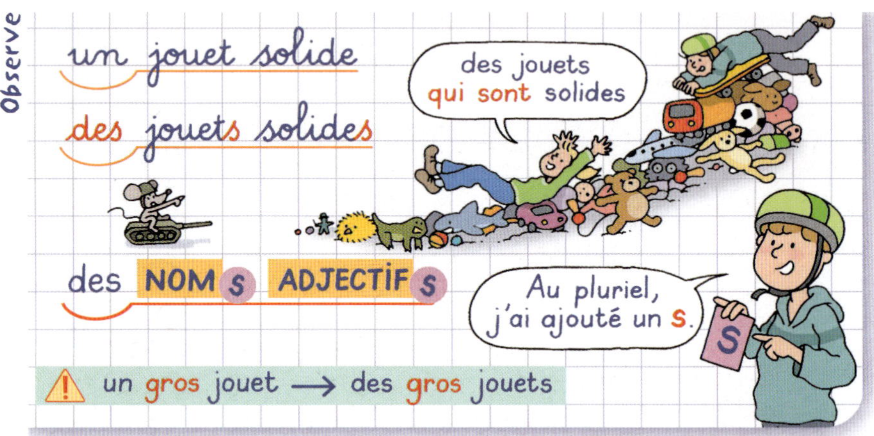


Retiens

- Quand le nom est **au pluriel**, l'adjectif se termine par un **s** : *des jouets solides*.

**146 Écris au singulier.**

Ex. : des jouets solides → **un** jouet solide.

des enfants sages, des bonbons sucrés, des portes fermées, des jupes roses, des biscuits secs. Réussite : /5

**147 Écris au pluriel.**

Ex. : une tarte chaude → **des** tarte**s** chaude**s**.

une personne agréable, un gros poisson, un grand arbre, une robe rouge, une histoire drôle. Réussite : /5

**148 Écris au pluriel.**

un pantalon propre, une jolie voiture, une opération juste, une perle blanche, un homme libre, un fruit mûr, une journée pénible, une fourchette pointue, une belle image, un livre neuf. Réussite : /10

# 51 accord des adjectifs

**Accords en genre et en nombre**

Observe

Retiens

- L'adjectif s'accorde toujours avec le nom :
  - au masculin pluriel, l'adjectif se termine par un s.
  - au féminin singulier, il se termine par un e.
  - au féminin pluriel, il se termine par es.

**149 Complète les adjectifs.**

un homme grand
des hommes grand…
une femme grand…
des femmes grand…

un bol bleu
une tasse bleu…
des tasses bleu…

Réussite : /5

**150 Relie chaque nom à un adjectif sur fond bleu.**

Ex. : une prune + verte → une prune verte.

une prune
une pomme
des raisins
des bananes
un abricot
des oranges

vert
verts
verte
vertes

des tartes
un melon
des fruits
du miel
une poire

sucré
sucrés
sucrée
sucrées

Réussite : /10

# 52 accord avec « ce qui est »

Accords en genre et en nombre

Observe

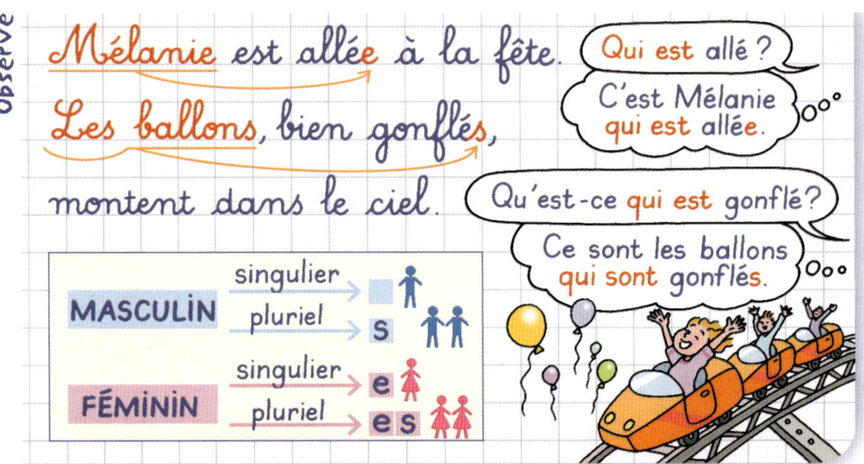


Retiens

- Quand j'écris, je pense toujours à *qui est* ou *ce qui est* pour accorder : *qui est allé ? (Mélanie est allée); qu'est-ce qui est gonflé ? (les ballons sont gonflés).*

**151 Réponds aux questions avant de compléter.**

- Ma robe est bleu… . (Qu'est-ce *qui est* bleu ?)
- Nos grands-parents sont venu… . (*Qui est* venu ?)
- Nadine, amusé…, regarde le clown. (*Qui est* amusé ?)
- Mon père est très grand… . (*Qui est* grand ?)
- Les oiseaux sont parti… . (*Qui est* parti ?)

Réussite : /5

**152 Réponds aux questions avant de compléter.**

- Les assiettes sont chaud… . (Qu'est-ce *qui est* chaud ?)
- Pascaline était rentré… à minuit. (*Qui est* rentré ?)
- Fatigué…, elle s'est couché… tout de suite. (*Qui est* fatigué ? *Qui est* couché ?)
- Les frites que j'ai mangé… étaient bien dorées. (Qu'est-ce *qui est* mangé ?)

Réussite : /5

# 53 pluriel des verbes

Accords en genre et en nombre



Observe

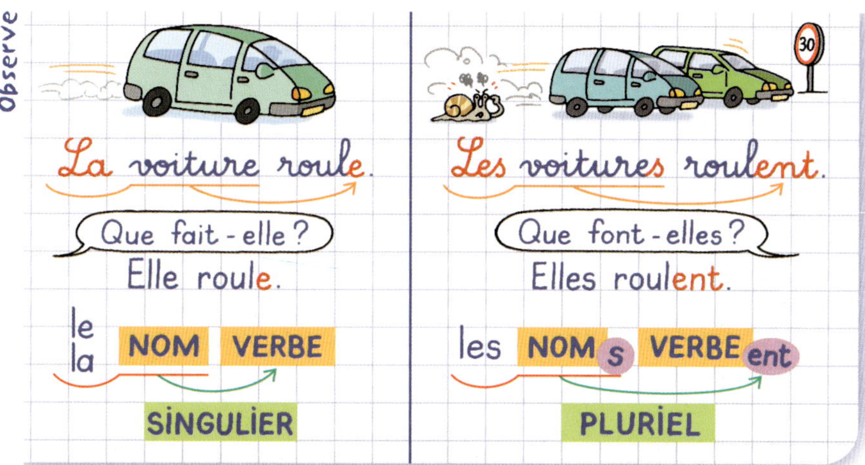


Retiens

- J'écris un **s** à la fin d'un nom qui est au pluriel : *les voitures*.
- J'écris **ent** (**e.n.t**) à la fin d'un verbe qui est à la troisième personne du pluriel : *les voitures roulent*.

**153 Au singulier, ajoute e aux verbes. Au pluriel, ajoute ent.**

Les enfants jou… . • Ma poupée march… . • La pluie tomb… . • Les chevaux rentr… . • Des artistes chant… .

Réussite : /5

**154 Au singulier, ajoute e aux verbes. Au pluriel, ajoute ent.**

Le cochon grogn… . • L'eau coul… . • Des chats dorm… au soleil. • Ils visit… le château. • Les chasseurs tu… des lapins.

Réussite : /5

**155 Ajoute s aux noms et nt aux verbes.**

Ces chiens monte… bien la garde. • Elles cherche… les carte… . • Les joueur… ont marqué trois but… . • Les chemise… pende… dans le placard. • Les voisin… plante… des tulipe… .

Réussite : /10

# 54 accord sujet - verbe (1)



Observe

Retiens

- Le verbe s'accorde toujours avec son sujet. Je trouve le sujet en cherchant : ***Qui est-ce qui… ?*** *Qui est-ce qui attend ? Ce sont les personnes.*

**156 Écris chaque sujet avec le bon verbe.**

| Sujets | Verbes | Sujets | Verbes |
|---|---|---|---|
| Les chiens<br>Le cheval<br>Le mouton<br>Les lions<br>La vache | mange.<br>mangent. | La maîtresse<br>Les garçons<br>Le maître<br>Les filles<br>La directrice | chante.<br>chantent. |

Réussite : /10

**157 Complète en accordant chaque verbe avec son sujet.**

Le jardinier pioch… la terre. • Paul dessin… avec un feutre. • Les brioches dor… dans le four. • Mes cousins vienn… ce soir. • En automne, les feuilles tomb… .

Réussite : /5

**158 Complète en accordant chaque verbe avec son sujet.**

Ils travaill… à l'usine. • Elle écout… des chansons. • Elles saut… à la corde. • La sueur coul… sur son front. • Les chats dorm… sur le canapé.

Réussite : /5

# 55 accord sujet - verbe (2)

**Accords en genre et en nombre**

Observe

Retiens

- Le verbe s'accorde toujours avec son sujet. Quand il y a deux sujets au singulier, le verbe est au pluriel.

**159 Écris chaque sujet avec le bon verbe.**

| | | | |
|---|---|---|---|
| Julie<br>Julie et Alex<br>Éric et Marc<br>Éric<br>Éric et Julie | joue.<br>jouent. | La pie et le merle<br>Le moineau<br>Le coq et la poule<br>La dinde et le coq<br>Le canard | picore.<br>picorent. |

Réussite : /10

**160 Complète en accordant chaque verbe.**

L'éponge se trouv… sous le lavabo. • Le roi et la reine salu… la foule. • Anne aim… les poires. Carol et Jean préfèr… les pommes. •Maman et papa se lèv… tôt.

Réussite : /5

**161 Complète en accordant chaque verbe.**

Élisa et Agnès partag… leur goûter. • Son chien et sa chienne aboi… quand j'arrive. • Ma voisine parl… trop. • La cane et ses canetons se dirig… vers la mare. • Mon cousin rest… avec nous.

Réussite : /5

# 56 l'infinitif

Formes verbales

Observe

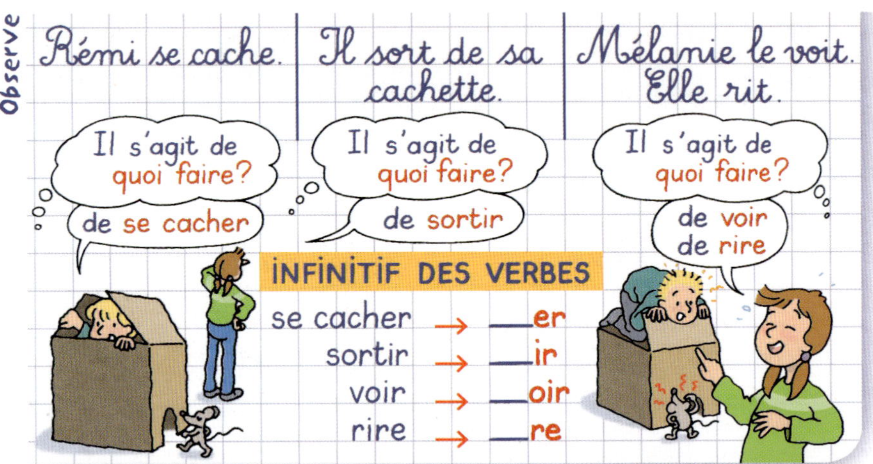


Retiens

- Un verbe a toujours un **infinitif**. Je le trouve en me demandant : *Il s'agit de quoi faire ?*

  *Il se cache → il s'agit de quoi faire ? de se cacher.*
  *Il sort → il s'agit de quoi faire ? de sortir.*

**162** **Trouve l'infinitif des verbes en écriture penchée.**

Lionel *finit* son devoir. • Le chien *prend* l'os. • Maman *coupe* la viande. • Nous *marchons* vite. • Je *boirai* de la limonade.

Réussite : /5

**163** **Trouve l'infinitif des verbes en écriture penchée.**

Ils *dormiront* sous une tente. • On *saute* bien à la corde. • Je te *rends* ton livre. • Est-ce que tu *fais* ton lit ? • La neige *tombe*.

Réussite : /5

**164** **Dans un livre, trouve cinq verbes terminés par -er à l'infinitif et cinq verbes terminés par -ir ou par -oir à l'infinitif.**

Réussite : /10

# 57 la première personne

Formes verbales

Règles

Observe

Retiens

- Un verbe peut se conjuguer à la 1re personne du singulier (**je**) et à la 1re personne du pluriel (**nous**).

**165 Complète par je ou par nous.**

Réussite : /5

**166 Complète par je ou par nous.**

- « Vite ! crie maman à Jules. … allons être en retard. »
- « … reviens dans dix minutes, dit Victor, et … jouerons au ballon. »
- « … me regarde dans le miroir, dit la reine, car … suis la plus belle. »

Réussite : /5

# 58 la deuxième personne

Formes verbales

Observe

Retiens

• Un verbe peut se conjuguer à la 2e personne du singulier (**tu**) et à la 2e personne du pluriel (**vous**).

**167 Complète par je, tu, nous ou vous.**

Réussite : /5

**168 Complète par tu ou par vous.**

- « … devez m'attendre ici », dit Marianne à ses amies.
- Léo m'a demandé : « Combien as-… de frères ? »
- « Chez le boulanger, … achèterez des brioches », dit maman aux deux garçons.
- « Qu'est-ce que … fais ? demande Arthur à Fabien. … as perdu quelque chose ? »

Réussite : /5

# 59 la troisième personne

Formes verbales

Règles

Observe

SINGULIER — 3e personne — PLURIEL

Il lit.

Elle lit.

On lit.

Ils lisent.

Elles lisent.

⚠ 👦 + 👧 = ils

Retiens

- Un verbe peut se conjuguer à la 3e personne du singulier (il, elle ou on) et à la 3e personne du pluriel (ils ou elles).

**169 Remplace les mots penchés par il, elle, ils ou elles.**

Ex. : *Ma fille* lit → **Elle** lit.

*Le soleil* brille. • *Les cheminées* fument. • *Les oiseaux* chantent. • *Ton citron* est pressé. • *Ma poupée* pleure.

Réussite : /5

**170 Remplace les mots penchés par il, elle, ils ou elles.**

*Papa et Maman* travaillent. • *La classe* commence. • *Ce fromage* est bon. • *Madame Martin et madame Dubois* vont au marché. • *Le mariage* aura lieu demain.

Réussite : /5

**171 Écris les phrases sur fond bleu en utilisant les noms.**

Ex. : Elle crie. → **Sa sœur** crie.

| | | | |
|---|---|---|---|
| Elle crie. | ses parents | Ils viennent. | mon cousin |
| Il part. | sa sœur | Elles viennent. | mes cousines |
| Ils partent. | son frère | Il arrive. | Yves et Cathy |

Réussite : /5

# 60 le temps

Formes verbales

Observe

Retiens

- Quand j'écris ce qui se passe **en ce moment,** le verbe est au **présent**.
- Si j'écris ce qui s'est passé **avant**, le verbe est au **passé**.
- Si j'écris ce qui se passera **plus tard**, le verbe est au **futur**.

**172 Pour chaque phrase, trouve si l'action a lieu dans le passé ou dans le futur.**

Ex. : Cet été, je me baignerai. → **futur**.

Demain, nous irons à la fête. • La semaine passée, j'ai été malade. • Hier, on a regardé un film à la télévision. • L'été prochain, je retrouverai mes amis à la mer. • Quand j'étais bébé, je dormais beaucoup. Réussite : /5

**173 Pour chaque phrase, trouve si l'action a lieu dans le passé, dans le présent, ou dans le futur.**

L'année prochaine, mes parents achèteront une caravane. • Ma chatte dort sur le lit. • Ma voisine a retrouvé son chien hier. • Ces oranges sont bonnes. • On gagnera la prochaine fois. Réussite : /5

Règles

# 61 verbe avoir au présent de l'indicatif

Formes verbales

Observe

Retiens

- La conjugaison du verbe **avoir** au présent est : j'**ai**, tu **as**, il (elle, on) **a**, nous **avons**, vous **avez**, ils (elles) **ont**.

**174** **Relie chaque pronom de gauche au verbe avoir.**

| | | | |
|---|---|---|---|
| nous | ai | tu | avez |
| j' | a | elles | as |
| il | avons | vous | ont |

Réussite : /5

**175** **Complète par le verbe avoir au présent.**

Nous … des camarades. • Tu … de jolies fleurs. • Elles … des robes rouges. • On … une grosse valise. • Le fermier … un tracteur.

Réussite : /5

**176** **Complète par le verbe avoir au présent.**

Vous … froid ? • Les pilotes … une bonne vue. • J'… deux chats. • Nous … une ardoise. • Tu … peur des loups. • Les roses … des épines. • On … un sac. • Ils … une petite sœur. • Elle … un canari. • Maxime et Noémie … sept ans.

Réussite : /10

# 62 verbe être au présent de l'indicatif

Formes verbales

Observe

Retiens

- La conjugaison du verbe **être** au présent est : je **suis**, tu **es**, il (elle, on) **est**, nous **sommes**, vous **êtes**, ils (elles) **sont**.

**177 Relie chaque pronom de gauche au verbe être.**

| | | | |
|---|---|---|---|
| il | suis | vous | êtes |
| nous | est | tu | est |
| je | sommes | elle | es |

Réussite : /5

**178 Complète par le verbe être au présent.**

Je … à l'école. • Ils … en vacances. • Tu … grande. • Cette musique … belle. • Le portail … en bois.

Réussite : /5

**179 Complète par le verbe être au présent.**

On … en hiver. • Tu … le premier. • Les vaches … dans le pré. • Jérôme … malade. • Vous … le directeur. • Cette voiture … lente. • Nous … des enfants. • Ils … pauvres. • Tu … drôle. • Le maçon … sur le toit.

Réussite : /10

# 63 avoir / être au présent de l'indicatif

Formes verbales

Observe

Retiens

- Je ne confonds pas **j'ai** (verbe **avoir**) et **tu es**, **il est** (verbe **être**).

**180 Relie chaque pronom de gauche au verbe être (es ou est), ou au verbe avoir (ai).**

| on | ai | il | ai |
|---|---|---|---|
| j' | es | j' | es |
| tu | est | elle | est |

Réussite : /5

**181 Complète par le verbe avoir (ai) ou par le verbe être (es ou est).**

Ex. : La pie … dans le nid. → La pie **est** dans le nid.

Tu … à la maison. • Il … chez ses amis. • J' … un vélo bleu. • Sophie … à cheval sur sa chaise. • On … dans la cour.

Réussite : /5

**182 Complète par le verbe avoir ou par le verbe être.**

J' … un livre de contes. • Elle n' … pas là. • Adrien … chez sa grand-mère. • On n' … plus en été. • Je n' … pas de montre.

Réussite : /5

# 64 présent : terminaisons -e, -es, -e

Formes verbales

Observe

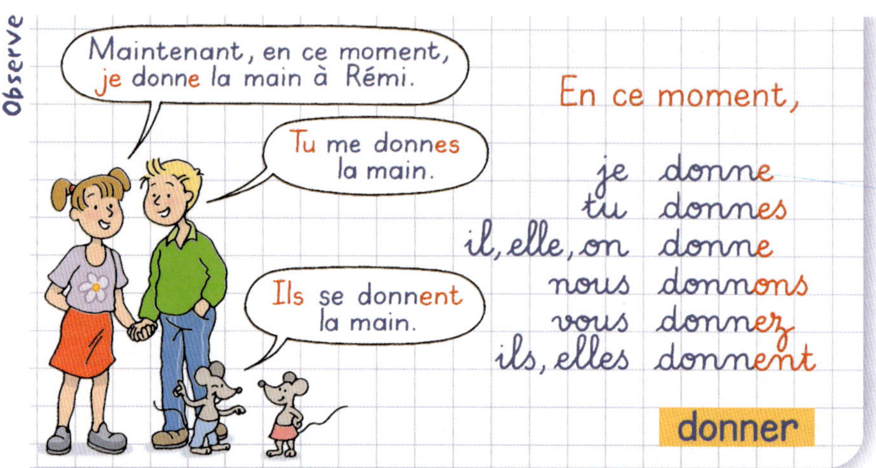


Retiens

- Au **présent**, les terminaisons des verbes comme **donner** sont : je **-e**, tu **-es**, il (elle,on) **-e**, nous **-ons**, vous **-ez**, ils (elles) **-ent**.

**183 Relie chaque pronom au verbe donner.**

| | | | |
|---|---|---|---|
| il | donnez | elles | donne |
| nous | donne | tu | donnent |
| vous | donnons | je | donnes |

Réussite : /5

**184 Relie chaque pronom de gauche au bon verbe.**

| | | | |
|---|---|---|---|
| je | entres | vous | restent |
| nous | marchons | ils | tourne |
| tu | nage | on | regardez |

Réussite : /5

**185 Complète au présent de l'indicatif.**

Elle donn… du pain aux oiseaux. • Tu donn… le cahier à la maîtresse. • Vous donn… la main à vos camarades. • Je donn… le biberon à ma petite sœur. • Ils donn… leur langue au chat.

Réussite : /5

**186** **Relie chaque sujet de gauche à un verbe sur fond bleu.**

Ex. : tu + continues → Tu continues.

| | | | |
|---|---|---|---|
| tu | trouvent | j' | travaillent |
| je | parlons | on | approche |
| ils | cherche | vous | écoutent |
| nous | continues | Sandrine | murmurez |
| Frédéric | | les élèves | |

Réussite : /10

**187** **Complète par un pronom (je, tu, il, elle, on…).**

Ex. : … aime les animaux → **Il** aime les animaux.

… manges à midi. • … parlez très fort. • … sautent à la corde. • … visite une usine. • … me lève à huit heures.

Réussite : /5

**188** **Complète au présent de l'indicatif.**

Francis aim… les oranges. • Tu tourn… trop vite. • On se cach… dans les bois. • Est-ce que vous jou… avec moi ? • Elles nag… bien.

Réussite : /5

**189** **Écris les verbes qui se conjuguent au présent comme le verbe donner.**

avoir, dormir, bavarder, boire, finir, relire, montrer, rire, pleurer, retenir, suivre, repasser, revenir, traverser, voir, sortir.

Réussite : /5

**190** **Complète ces verbes au présent de l'indicatif.**

Ex. : Tu ferm… la porte. → Tu ferm**es** la porte.

Vous aval… tout rond ! • Les enfants touch… à tout. • Elles chant… bien. • J'écout… de la musique. • Le vent tomb… avec la pluie. • Nous nous couch… vers neuf heures. • Les joueurs salu… la foule. • On gard… son petit frère. • Mon voisin plant… un arbre. • Tu démont… ton vélo tout seul ?

Réussite : /10

# 65 passé composé de l'indicatif

Formes verbales

Observe

Retiens

- **Le passé composé** est un temps du passé. Il est formé de deux verbes. Dans *j'ai donné*, on trouve :
  1. **avoir** conjugué au présent → j'**ai**.
  2. un participe passé → **donné**.

**191 Relie chaque pronom au verbe qui convient.**

Ex. : nous + avons mangé → Nous avons mangé.

| | | | |
|---|---|---|---|
| nous | a nagé | tu | avez regardé |
| il | ai calculé | vous | as parlé |
| j' | avons mangé | elles | ont cherché |

Réussite : /5

**192 Complète par un pronom de la conjugaison.**

Ex. : … a donné → **il** a donné.

Hier, … avez gagné la course. • Ce matin, … ont acheté des gaufres. • … as enfermé le chien dans le garage. • … ai caché les clés dans un pot. • … avons démonté le camion.

Réussite : /5

## 193 Souligne le verbe avoir, puis complète.

Ex. : Elle a donn… → Elle a donn**é**.

Elles ont donn… de leurs nouvelles. • Vous avez donn… votre nom. • Il m'a donn… un bonbon. • J'ai donn… un jouet à Karim. • On m'a donn… une éponge neuve.

Réussite : /5

## 194 Écris tous les pronoms possibles pour chaque verbe.

Ex. : … a dansé → **Il** a dansé, **elle** a dansé, **on** a dansé.

… as dormi longtemps. • … ont fini leur dessin. • … ai aimé le film. • … avez rendu tous les livres. • … a avalé un gros cachet. • … avons bu du chocolat. • … as suivi le bon chemin.

Réussite : /10

## 195 Souligne le participe passé et complète le passé composé.

Ex. : Nous … chanté → Nous **avons** chanté.

Elle … sucré son yaourt. • J' … visité une usine de meubles. • Ils … marché jusqu'à la plage. • Est-ce que tu … retrouvé ta gomme ? • Ce matin, il … neigé.

Réussite : /5

## 196 Complète au passé composé.

Ex. : Elle … gard… la photo. → Elle **a gardé** la photo.

Les cloches … sonn… toute la nuit. • La fanfare … défil… dans la rue. • Vous … termin… votre devoir ? • On … nettoy… le tableau. • Nous … jou… sur la place.

Réussite : /5

## 197 Complète au passé composé.

Ex. : On … rel… l'histoire. → On **a relu** l'histoire.

J'… entend… du bruit. • Nous … conjugu… des verbes au passé composé. • Le bébé … sour… à sa grande sœur. • Est-ce que vous … fin… vos devoirs ? • Mes parents … vid… la cave.

Réussite : /5

# 66 être / avoir au passé composé

Formes verbales

Observe

Retiens

- Le passé composé du verbe **être** s'écrit : *j'ai été, tu as été, il (elle) a été, nous avons été, vous avez été, ils (elles) ont été.*
- Le passé composé du verbe **avoir** s'écrit : *j'ai eu, tu as eu, il (elle) a eu, nous avons eu, vous avez eu, ils (elles) ont eu.*

**198 Relie chaque pronom au verbe qui convient.**

| | | | |
|---|---|---|---|
| ils | as été | j' | a eu |
| tu | avons été | vous | avez eu |
| nous | ont été | elle | ai eu |

Réussite : /5

**199 Complète par le verbe être au passé composé.**

*La semaine passée*, vous … … sots, nous … … gentils, j'… … premier, il … … malade, elles … … contentes.

Réussite : /5

**200 Complète par le verbe avoir au passé composé.**

*Dimanche dernier*, tu … … un cadeau, elle … … un bouquet, on … … une auto, ils … … un ballon, j'… … un jeu vidéo.

Réussite : /5

# 67 futur de l'indicatif

Formes verbales

Observe

Retiens

- Au **futur**, les terminaisons des verbes comme **donner** sont : je **-erai,** tu **-eras**, il **-era**, nous **-erons**, vous **-erez**, ils **-eront**.

**201 Relie chaque pronom au verbe qui convient.**

| | | | |
|---|---|---|---|
| elle | donnerai | vous | donnerons |
| je | donneras | ils | donnerez |
| tu | donnera | nous | donneront |

Réussite : /5

**202 Complète au futur de l'indicatif.**

*Demain* : On donn… de la salade à la tortue. • Ils donn… leur adresse. • Je donn… la main à papa. • Il nous donn… le courrier. • Nous donn… le signal du départ.

Réussite : /5

**203 Complète au futur de l'indicatif.**

L'an prochain, tu march… plus vite. • Tout à l'heure, je bavard… avec toi. • Plus tard, vous visit… la France. • Demain, ils se lèv… plus tôt. • Dans quelques heures, le bateau arriv… .

Réussite : /5

# 68 être / avoir au futur de l'indicatif

Formes verbales

Observe

Retiens

- Au **futur**, le verbe **être** et le verbe **avoir** s'écrivent :
  – *je serai, tu seras, il sera, nous serons, vous serez, ils seront.*
  – *j'aurai, tu auras, il aura, nous aurons, vous aurez, ils auront.*

**204 Relie chaque pronom au verbe qui convient.**

| | | | |
|---|---|---|---|
| je | serons | vous | aura |
| il | serai | elles | auront |
| nous | sera | on | aurez |

Réussite : /10

**205 Complète par le verbe être au futur.**

Demain, je … absent. • Mardi prochain, on … en classe. • Dans un mois, il … en vacances. • En juillet, ils … à la mer. • Ce soir, nous … heureux de le voir.

Réussite : /5

**206 Complète par le verbe avoir au futur.**

Pour sa fête, elle … un jeu. • Demain, tu … une visite. • À midi, vous … une lettre. • La semaine prochaine, j'… un livre et elles … un disque.

Réussite : /5

# 69 verbe aller

Formes verbales

Observe et Retiens

**207 Complète au passé composé.**

Ex. : Ils … all… à la fête → Ils **sont** all**és** à la fête.

*Hier* : Il … all… trop loin. • Nous … all… au cinéma. • Tu … all… au jardin. • Vous … all… au village. • Je … all… chez Franck. Réussite : /5

**208 Complète par le verbe aller au présent.**

*Maintenant* : Nous … à l'école. • J'y … souvent. • Il … à la pêche. • Elles … à la gare. • On … à Paris. • Tu y … en voiture. • Vous … au marché. • Elle … mal. • Ils … en Italie. • Charles … bien. Réussite : /10

**209 Complète par le verbe aller au futur.**

*Demain* : On … au bal. • Tu … te baigner. • Nous … le voir. • J'… seul. • Elle … chez eux. • Ils … trop vite. • Il … mieux. • Elles … à vélo. • Vous … à pied. • Elle … en bus. Réussite : /10

# 70 verbe faire

Formes verbales

Observe et Retiens

Ce matin, j'ai fait mon lit.

Maintenant, je fais un exercice.

Ce soir, je ferai du vélo.

| avant | maintenant | après |
|---|---|---|
| j'ai fait | je fais | je ferai |
| tu as fait | tu fais | tu feras |
| il a fait | il fait | il fera |
| nous avons fait | nous faisons | nous ferons |
| vous avez fait | vous faites | vous ferez |
| ils ont fait | ils font | ils feront |
| PASSÉ COMPOSÉ | PRÉSENT | FUTUR |

**210 Complète au passé composé.**

Ex. : Tu … fai… du ski → Tu **as** fait du ski.

*Hier* : Nous … fai… du ski. • J' … fai… mon lit. • Elle … fai… ses devoirs. • Ils … fai… une tarte aux pommes. • Vous … fai… un joli coussin. Réussite : /5

**211 Complète par le verbe faire au présent.**

*En ce moment* : Les oiseaux … leur nid. • Tu … une sottise. • Grand-mère … des confitures. • Mes parents … du sport. • Mon frère et ma sœur … de la musique.

Réussite : /5

**212 Complète par le verbe faire au futur.**

*Après*, tu … un jeu. • *Demain*, nous … du vélo. • *Plus tard*, on … un gâteau. • *Ce soir*, je … un dessin. • *Tout à l'heure*, elles … une partie de tennis. Réussite : /5

# 71 verbe dire

Formes verbales



Observe et Retiens

**213 Complète au passé composé.**

Ex. : Ce matin, il … di… une sottise → Il **a dit** une sottise.

*Ce matin* : J' … di… *oui*. • Ils … di… *au revoir*. • Nous lui … di… *à demain*. • Vous … di… *bonjour*. • C'est mon petit doigt qui me l' … di… .

Réussite : /5

**214 Complète par le verbe dire au présent.**

*Maintenant* : Il … un mensonge. • On … ce qu'on sait. • Elles … la vérité. • Nous … notre âge. • Tu … un gros mot. • Je … mon nom. • Vous … tout haut ce qu'elle … tout bas. • Ils … ce qu'ils pensent. • Lucie … *non*.

Réussite : /10

**215 Complète par le verbe dire au futur.**

*Ce soir* : Tu … un poème. • Ils … leurs notes. • Vous … ce qu'on a fait. • Elle … une prière. • Nous … *merci*. • On ne … rien. • Il … une sottise. • Je le … ! • Elles … tout. • Ma sœur … comme lui.

Réussite : /10

# 72 verbe savoir

Formes verbales

**216 Complète au passé composé.**

Ex. : Il … … le démonter. → Il **a su** le démonter.

*Hier* : Elle … … faire. • Vous … … ce qui était arrivé ? • Ils … … la vérité. • Nous … … la nouvelle. • J'… … qu'il allait revenir. Réussite : /5

**217 Complète par le verbe savoir au présent.**

*Maintenant* : On … où il est. • Tu … nager. • Ils … lire. • Nous … compter. • Il … sa poésie. • Je ne … pas. • Elle … ce qu'elle veut. • Il est gentil, vous … . • Elles … jouer aux échecs. • Les chats … chasser. Réussite : /10

**218 Complète par le verbe savoir au futur.**

*Plus tard* : Elle … ce qu'il doit faire. • On … la vérité. • Tu … tout ! • Ils … où il faut aller. • Je … refermer le coffre. Réussite : /5

# 73 verbe pouvoir

Formes verbales

Observe et Retiens

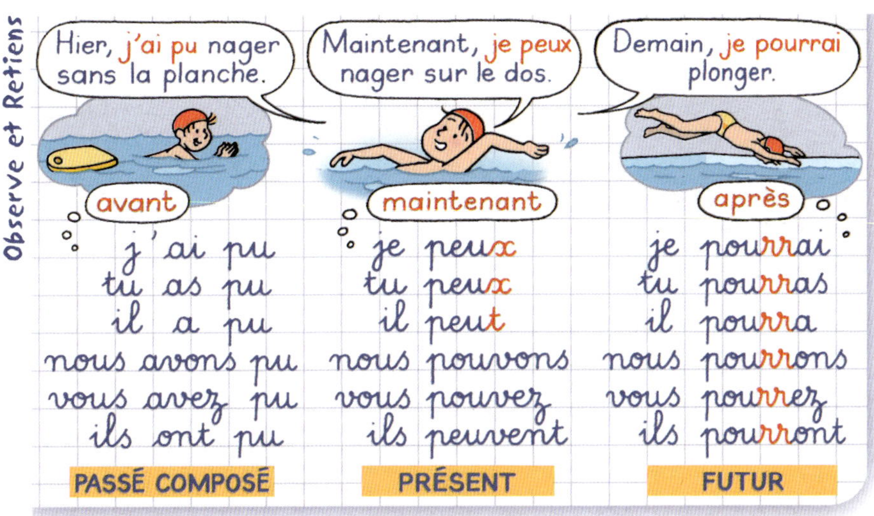


**219 Complète au passé composé.**

Ex. : Tu … … arriver → Tu **as pu** arriver.

*Hier* : Vous … … dormir. • J' … … prendre l'avion. • Elle … … aller à la ferme. • Nous … … boire du lait. • Ils … … suivre la moto. Réussite : /5

**220 Complète par le verbe pouvoir au présent.**

*Maintenant* : Je … rire. • Tu … danser. • Nous … chanter. • Ils … travailler. • Il … courir. • Vous … vous promener. • Elles … parler. • Elle … revenir seule. • On … le deviner. • Les enfants … crier. Réussite : /10

**221 Complète par le verbe pouvoir au futur.**

*Plus tard* : On … se reposer. • Il … se cacher. • Je … lire. • Elles … jouer aux dominos. • Je … regarder la télévision. Réussite : /5

# 74 verbe voir

Formes verbales

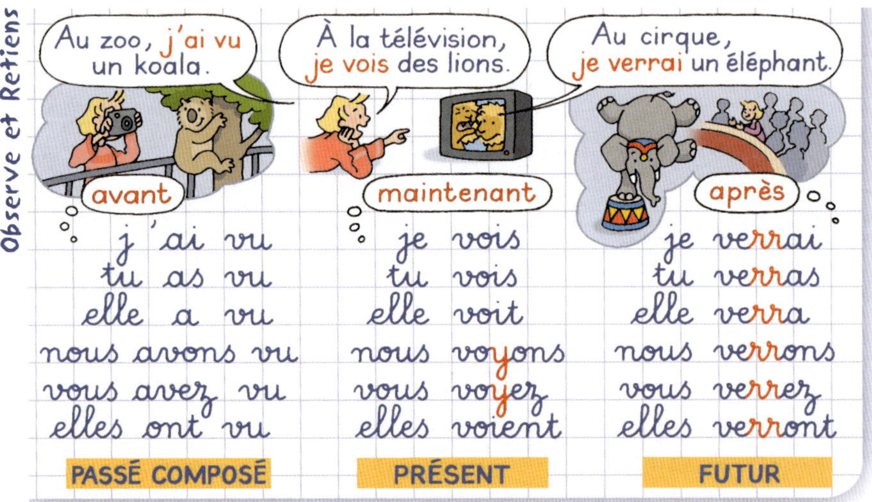


**222 Complète au passé composé.**

Ex. : On … … la mer. → On **a vu** la mer.

*Hier* : Elles … … un requin. • Nous … … les lions chasser. • Tu … … une taupe. • Vous … … un tigre. • Il … … une couleuvre.

Réussite : /5

**223 Complète par le verbe voir au présent.**

*Maintenant* : Elle … bien sans lunettes. • Je … loin. • Vous …, c'est simple. • Elles … tout ! • Tu … mal. • Nous la … tous les jours. • On y … clair. • Ils les … partir. • Il … rouge. • Les chats … la nuit.

Réussite : /10

**224 Complète par le verbe voir au futur.**

*Demain* : De là, je … le train passer. • Je ne sais pas si elle te … dans la foule. • Tu … bien ! • Elles … le match à la télévision. • Nous … quand tu seras revenu.

Réussite : /5

# 75 présent : terminaisons -s, -s, -t



Observe

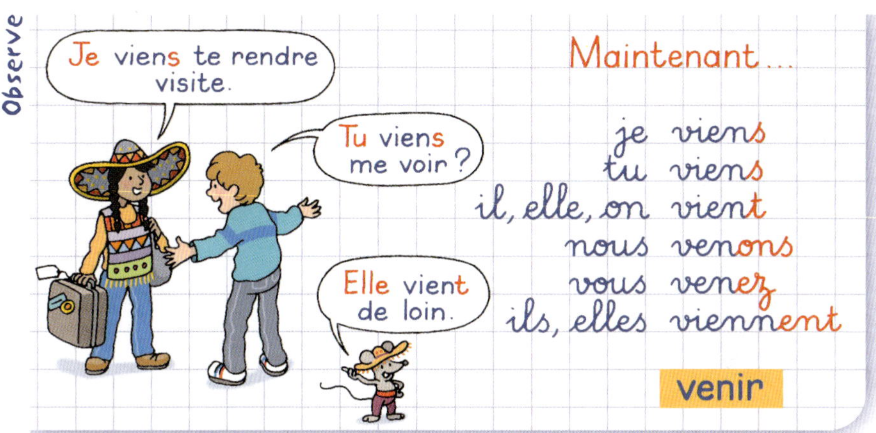


Retiens

- Au présent, les terminaisons des verbes comme venir sont : je -s, tu -s, il (elle, on) -t, nous -ons, vous -ez, ils (elles) -ent.

**225 Relie chaque pronom au verbe venir.**

| | | | |
|---|---|---|---|
| nous | vient | il | venez |
| on | venons | vous | viennent |
| je | viens | ils | vient |

Réussite : /5

**226 Complète par le verbe venir au présent.**

On … avec toi. • Tu … de quelle ville ? • Je … te chercher. • Ils … d'Italie. • Elle … souvent nous voir.

Réussite : /5

**227 Complète ces verbes au présent. Ils se conjuguent comme le verbe venir.**

devenir → Je devien… grand.
boire → On boi… du jus d'orange.
lire → Tu li… mieux, cette année.
devoir → Elle doi… prendre le train.
finir → Il fini… son bol de lait.

Réussite : /5

# 76 présent : terminaisons -ds, -ds, -d

Formes verbales

Observe

Retiens

- Au **présent**, les terminaisons des verbes comme **prendre** sont : je **-ds**, tu **-ds**, il (elle, on) **-d**, nous **-ons**, vous **-ez**, ils (elles) **-ent**.

**228 Relie chaque pronom au verbe prendre.**

| | | | |
|---|---|---|---|
| je | prenons | vous | prends |
| il | prend | ils | prenez |
| nous | prends | tu | prennent |

Réussite : /5

**229 Complète par le verbe prendre au présent.**

Elle … un bain tous les jours. • Nous … un crayon. • Je … le bus à cinq heures. • Tu … un cachet d'aspirine. • Elles … une photographie.

Réussite : /5

**230 Complète ces verbes au présent. Ils se conjuguent comme le verbe prendre.**

Elle appren… sa leçon. • Tu répon… juste. • Je te ren… ton livre. • Ils vend… du pain. • Tu cou… bien. • Les poules pond… . • J'enten… l'orage. • Nous perd… ! • Vous attend… ? • La neige fon… .

Réussite : /10

# 77 infinitif en -er

Formes verbales

Observe

Retiens

- Un verbe terminé par **-er** est à l'infinitif. Pour le reconnaître, je peux poser la question ***quoi faire ?*** juste avant le verbe : *Il veut monter* → *Il veut* quoi faire ? *monter*.

**231** **Écris cinq phrases avec les bons verbes sur fond bleu.**

Ex. : Il veut + s'amuser. → Il veut **s'amuser**.

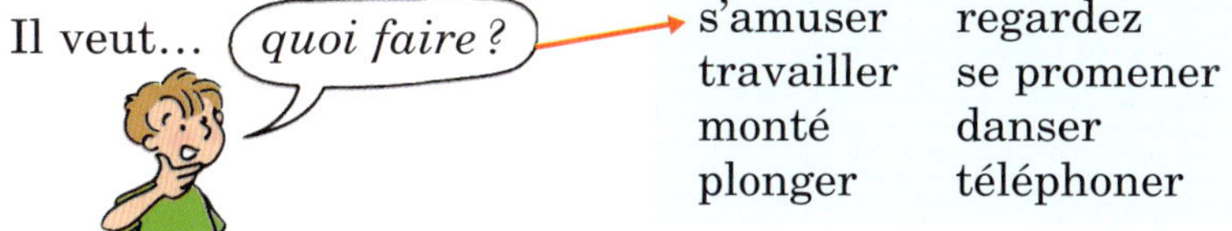


| | |
|---|---|
| s'amuser | regardez |
| travailler | se promener |
| monté | danser |
| plonger | téléphoner |

Réussite : /5

**232** **Complète les verbes.**

Nous allons *quoi faire ?* nag… . • Vous pouvez *quoi faire ?* tomb… . • Bébé sait *quoi faire ?* march… . • Papa va *quoi faire ?* découp… la viande. • Julie aime *quoi faire ?* jou… .

Réussite : /5

**233** **Complète les verbes.**

Je vais me cach… . • Il peut marqu… un but. • Je veux m'en all… . • Elle a envie de se lev… tôt. • On vient d'entr… en classe.

Réussite : /5

# ransfert des acquisitions

# abileté en orthographe

• Douze fiches proposent des exercices de révision. Chacune prévoit vingt réponses à trouver. Le barème est simple : un point par réponse juste.

• Dans chaque fiche, il y a un texte à compléter. L'élève doit le lire entièrement avant de commencer à répondre. Les lettres ou les mots à retrouver sont signalés par trois points de suspension, quelle que soit la longueur de la réponse. Plusieurs réponses sont parfois proposées entre crochets : une seule est correcte. Le texte à compléter peut aussi être noté seul, puisqu'il demande dix réponses.

# 1 fiche de révision

**1 Texte à compléter.**

**La pie.**

Agnès est à la c...pagne [an/am]. Elle ouvr... tout gran... la fenêtre de sa ch...bre [an/am].

Un oi...eau [s/ss] noir et blanc chante sur une br...che [an/am]. Agnès lui crie :

– Tais-toi et cache-toi ! Les cha...eurs [s/ss] arrive... !

La pie s'envole sur le toi... de la mai...on.

**2 Le robot a oublié de mettre des blancs entre les mots. Écris ces phrases en ajoutant les blancs.**

Lautodoublelecamion.

Monvéloestrouge.

Lavionvole.

Prendsunbonbon.

Limageestjolie.

**3 Le robot a mélangé les syllabes de cinq mots. Retrouve ces mots.**

Réussite : /20

# 2 fiche de révision

**1 Texte à compléter.**

**Les œufs durs.**

Si tu fai... bouillir des œuf..., mets une pincé... de gros sel dans l'eau. Ainsi, la co...ille [c/qu] ne se fendra pas.

Dès que les œuf... sont ...uits [c/qu], plonge-les dans de l'eau froi...

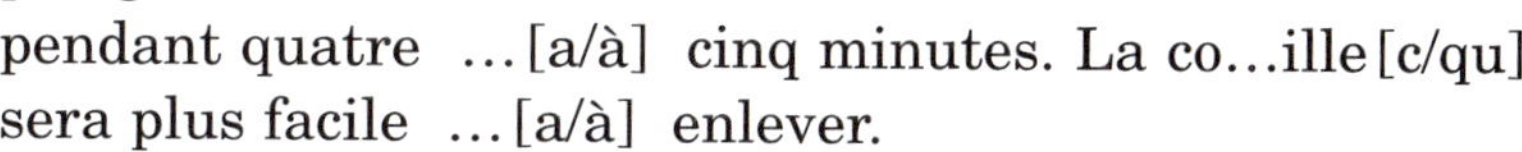

pendant quatre ...[a/à] cinq minutes. La co...ille [c/qu] sera plus facile ...[a/à] enlever.

**2 Ces mots vont deux par deux. Écris-les ensemble.**

**3 Deux phrases ont été découpées et mélangées. Écris-les.**

Réussite : /20

# 3 fiche de révision

**1 Texte à compléter.**

**Des araignées de garde.**

Ratus dé…ide[c/ç] de faire garder ses fromag… par des araignées venimeuse… . Il entr… chez un marchand de petit… bêtes et demande de gros… araignées velu… qui mordent. Un vendeur apporte une gran… boîte pleine d'araignées noir… avec des taches roug… .

**2 On a caché cinq mots dans cette histoire. Retrouve-les dans le cadre jaune.**

**Un mensonge.**

Victor a un journal ▬ la main.
– Tu n'as plus ta bosse? demande-t-il.
– Ratus raconte qu'il a été enlevé par des ▬ ! dit Marou.
– Pas du tout, ▬ Victor. Il a reçu une ▬ de pétanque sur la tête. Le journal dit même qu'il était en train ▬ tricher.

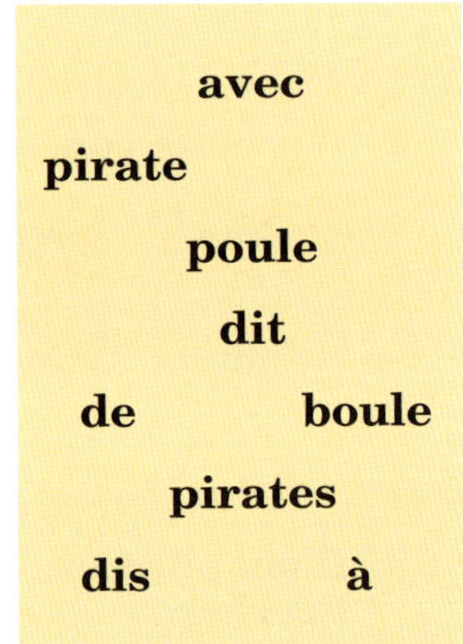


**3 La ronde des lettres.**
**À la place du carré bleu, tu peux mettre cinq lettres de la ronde. Écris les mots que tu as trouvés.**

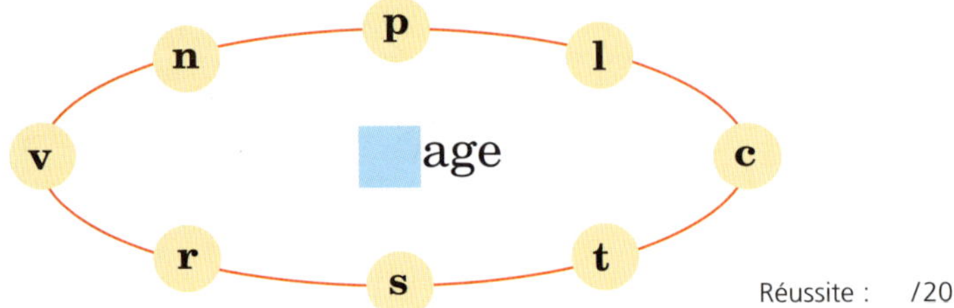


Réussite : /20

# 4 fiche de révision

**1 Texte à compléter.**

**Dans mon usine.**

On ne fabrique que des chose… utiles. Vous demand… aux ouvriers ce que vous voul… . Ils se réuniss… pour décider si c'est utile …[ou/où] non. Si c'est utile, une fum… sort de la chemin…, et l'objet …[et/est] fabriqué. Sinon, les ouvrier… se crois… les bras, et la porte de l'atelier se referme.

**2 Le robot a oublié de mettre des blancs entre les mots. Écris ces phrases en ajoutant les blancs.**

Elleaunfrère.
Loursveutmanger.
Labeillepique.
Voiciléte.
Lesanimauxneparlentpas.

**3 Le robot a mélangé les syllabes de cinq mots. Retrouve ces mots.**

Réussite : /20

# 5 fiche de révision

## 1 Texte à compléter.

**Splash le dauphin.**

Il …[ai/es/est] né dans l'océan. Et c'est aussi dans l'eau que sa mère lui …[a/à] donné son lai… . Pour faire téter …[son/sont] bébé, la mère lui envoie des peti… jets de lai… dans la gorge.

Mais quand il …[ai/es/est] plus grand, il aval… tout seul des poi…ons [s/ss] entier…, sans les mâcher.

## 2 Trouve les cinq mots où ces syllabes sont cachées.

| clo | pe | dre | car | sa |
|---|---|---|---|---|

| | | | |
|---|---|---|---|
| cravate | col | petit | cloche |
| rendre | cartable | père | sage |

## 3 Choisis le bon adjectif sur fond bleu pour compléter chaque phrase. Aide-toi de l'orthographe et du dessin.

gros, petite, content, bruns, grande,
petit, tristes, grosse, contente, drôles.

Elle est ….
Elle est ….
Elle n'est pas ….
Elle n'est pas ….

Il est ….
Il est ….
Il est ….

Ils sont ….
Ils sont ….
Ils ne sont pas ….

Réussite : /20

# 6 fiche de révision

**1 Texte à compléter.**

**Sino, chien savant.**

– Qu'est-ce que tu a… appris, dans ton cirque?
– À compter, répon… Sino.
– Voyons ça. Tu pass… devant le boucher, tu lui vol… une saucisse, …[et/est] encore une saucisse : ça fait combien?
– Ça fait …[3] !
– Mais non, ça fait …[2] sauciss…, dit Fanfan.
– Oui, mais ça fait …[3] coup… de bâton, au moins!

**2 Le robot a enlevé tous les m et les n des mots suivants. Remets ces lettres.**

| | | |
|---|---|---|
| le cha…teur | la tro…pe | le ti…bre |
| la cha…bre | la ro…de | |

**3 Complète les bulles avec des pronoms de la conjugaison : je, tu, il, elle, nous, vous, ils ou elles.**

Réussite :    /20

# 7 fiche de révision

**1 Texte à compléter.**

**Des éléphants rouges !**

– … [On/Ont] a appris … [a/à] l'école que les éléphants … [son/sont] gris, dit Viviane. Ceux-là … [on/ont] de grand… taches rouge… . Pourquoi ?

– … [Ces/Ses] éléphants sont bien gris, répond le guide. Mais pour … [ce/se] protéger des mouches qui les pi…ent [c/qu], ils … [ce/se] roulent dans la boue. En séchant, la boue devient rouge et les éléphants aussi !

**2 Le robot a mélangé les syllabes de cinq mots. Retrouve ces mots.**

**3 Jeu des cailloux.** *(Consigne page 11)*
**Trouve le mot qui va dans chaque groupe de cailloux.**

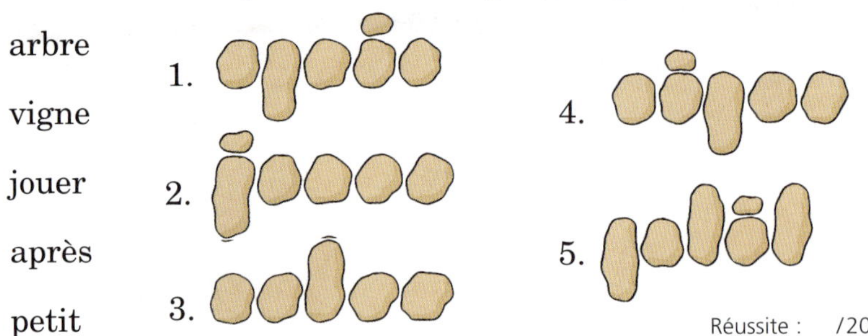


Réussite : /20

# 8 fiche de révision

## 1 Texte à compléter.

**Hugo sait lire !**

– J'ai regard… chaque lettre, chaque mo… . Comme dans la forêt, quand je cherch… le bois qu'il me faut pour mes sifflet… . Et puis j'… [ai/est] compris de quelle façon toutes ces peti… lettres s'attachaient et …[ce/se] mélangeaient ! Un peu comme les bestiole… qui cour… sur le sol. Aprè…, c'est venu tout seul.

## 2 Retrouve les cinq phrases qui ont été découpées.

Ex. : Vous + avez + couru. → Vous avez couru.

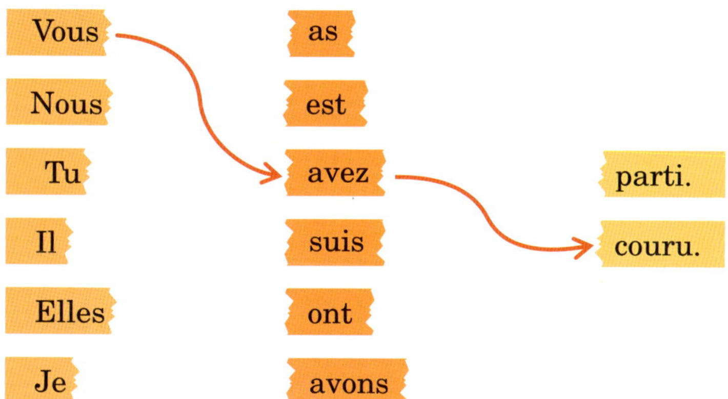


## 3 Qu'a-t-il voulu écrire ?

**Le robot s'est trompé. Dans chaque mot, il a écrit une lettre à la place d'une autre. Écris les mots justes.**

tranche cave homme bille salle

Réussite : /20

# 9 fiche de révision

**1 Texte à compléter.**

**Mon copain le monstre.**

À partir de …[ce/se] jour, le monstre …[et/est] Henri devinrent des ami… . Parfois, le monstre …[ce/se] rendait invi…ible et Henri devait deviner …[ou/où] il se trouvait sous peine de …[ce/se] faire prendre. Mais bien souvent, pour faire plaisir …[a/à] son ami, le gar…on[s/c/ç] se débrouillait pour se laisser attraper. Le monstre, alors, faisait semblant de le dévor… .

**2 Trouve les cinq mots où ces syllabes sont cachées.**

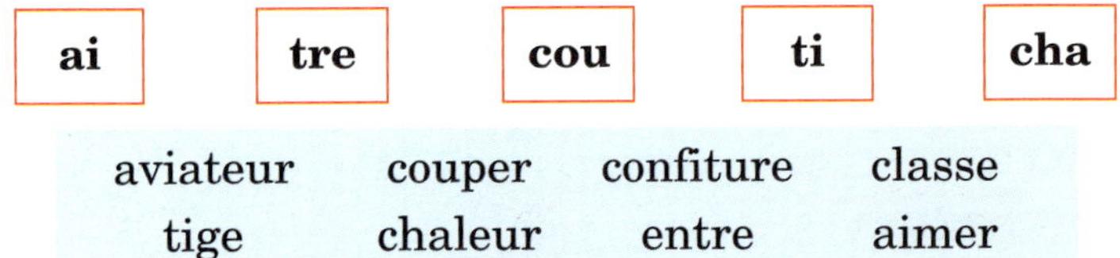


**3 La ronde des lettres.**

**À la place du carré bleu, tu peux mettre des lettres de la ronde et tu trouveras cinq mots. Écris-les.**

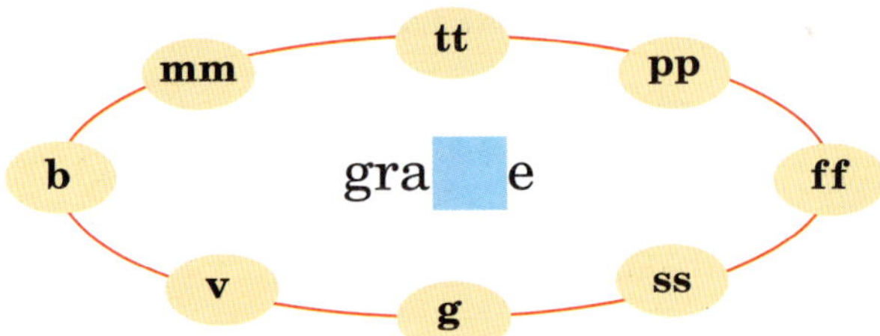


Réussite : /20

# 10 fiche de révision

**1** **Texte à compléter.**

**La soupe au chocolat.**

– …[Ce/Se] soir, j'ai fai… une soupe au chocolat, di… papa.

– Une soupe au chocolat ! s'écria maman. Jamais je n'ai r…[ein/ien] mangé de pareil.

– Moi non plu…, reconnut papa. C'est un plat sorti de mon imaginat…[ion/oin]. Délicieux ! Tu prépar… une sauce blanc… à la farine, tu y ajout… du cacao, du sucre, un peu de chocolat …[et/est] le tour est joué !

**2** **Relie chaque verbe à la bonne terminaison.**

Ex. : tu pren + ds → Tu prends.

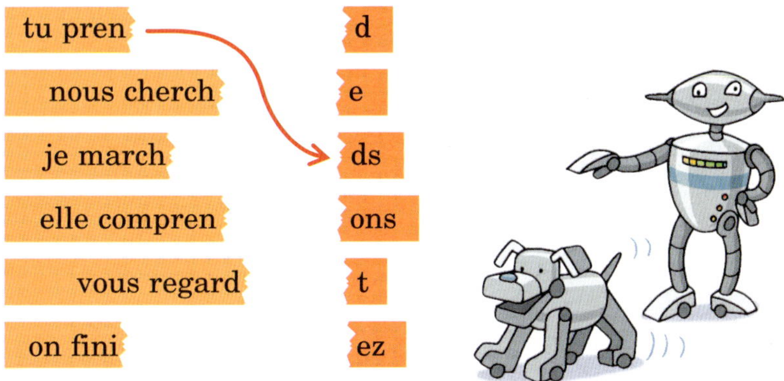


**3** **Qu'a-t-il voulu écrire ?**

**Le robot s'est trompé. Dans chaque mot, il a écrit une lettre à la place d'une autre. Écris les mots justes.**

Réussite : /20

# 11 fiche de révision

**1 Texte à compléter.**

**Qui a raison ?**

Nina, …[son/sont] fils Doudou et l'hyène von… à la fête à Koula. On leur donne trois moutons.

– Parta…ons[g/ge], dit Nina. Chacun de nous aura un mouton.

L'hyène n'est pas d'accord :

– Doudou …[et/est] toi, vous pren… un seul mouton et alors vous ête… trois. Moi, je pren… deux moutons, et alors nous somm… trois. Ce partage …[et/est] juste, car trois est égal …[a/à] trois.

**2 Ces mots vont deux par deux.**
**Écris-les ensemble.**

| ville | visite | venir | ferme | voir |
|---|---|---|---|---|
| devenir | fermier | revoir | village | visiteur |

**3 Jeu des cailloux.** *(Consigne page 11)*
**Trouve le mot qui va dans chaque groupe de cailloux.**

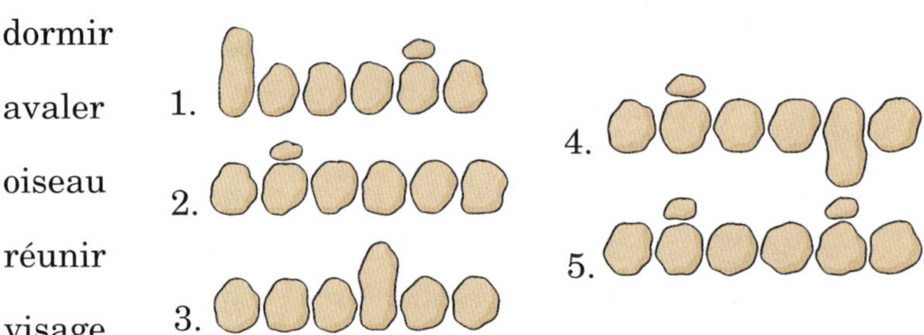


Réussite : /20

# 12 fiche de révision

**1** **Texte à compléter.**

**Le lion et le chat.**

Un lion voya...e [g/gu] loin de chez lui.
Il rencontre un chat.
– J'... [ai/est] faim, dit le lion.
Trouve-moi une lionne ... [et/est] dis-lui de m'apport... une douzaine de souris.
– Dans ton pays, ce sont peut-être les lionn... qui chassent, lui répon... le matou. Mais i...i [c/ç], les chats ... [son/sont] courageux : ils chasse... eux-mêmes. Tu ... [es/est] un paresseux !
Si tu veux ton repas, va le chercher toi-même !

**2** **Trouve les cinq mots où ces syllabes sont cachées.**

**per** **cle** **nier** **plan** **jour**

jardinier premier four blanche
plante journal perle article

**3** **Qu'a-t-il voulu écrire ?**
**Le robot s'est trompé. Sous les dessins, il n'a pas écrit les lettres dans l'ordre. Écris les mots justes.**

signe

niche

ligne

cas

orge

Réussite : /20

# Test final

*L'élève doit répondre sans regarder dans le livre. Cette épreuve peut être passée en deux fois.*

**1** **Quel est le verbe de cette phrase ?**

La petite fille marche sur le chemin.

**2** **Complète par s ou ss.**

Il a po…é les ta…es sur la table.

**3** **Écris ces noms au pluriel.**

un journal → des ……………………

un tableau → des ……………………

**4** **Conjugue au présent, à la 3e personne du pluriel.**

*avoir un lapin* → Ils ……………………………………

**5** **Quelle est la 2e personne du pluriel ?**

je il nous on vous elles

**6** **Complète au présent.**

*En ce moment,* je regard………… , nous regard………… .

**7** **Écris au féminin.**

le premier → la ……………………

**8** **Complète par et ou est.**

La voiture ……. dans le garage.

**9** **Accorde les adjectifs.**

Anne a mis une joli…… robe bleu…… .

**10** **Complète au futur.**

*Demain,* je me lèv………… à huit heures.

**11** **Copie en séparant les mots.**

Jaiapprisànagerlannéepassée.

……………………………………………………………………………

**12** **Complète par a ou à.**
On ...... joué aux cartes.

**13** **Complète par c ou ç.**
un ma ... on

**14** **Ajoute cet ou cette.**
........ animal est propre.

**15** **Complète par an ou par am.**
un ch ... pignon

**16** **Écris au masculin.**
une petite chienne → ..........................................

**17** **Ajoute les accents qui manquent.**
Son frere eleve des escargots.

**18** **Accorde les verbes.**
La pluie tomb ...... , les enfants se mouill ........... .

**19** **Que manque-t-il : ail, aille ou eille ?**
une bat ...... de boules de neige.

**20** **Conjugue au passé composé (3e personne du singulier).**
*être malade* → Hier, il ............................................ .

Note : ...... /20
(1 point par question entièrement réussie)

Entourer les numéros des questions où il y a des erreurs. À côté, figurent les numéros des règles à réviser.

| | | | |
|---|---|---|---|
| 1 R5 | 6 R64 | 11 R2 R6 | 16 R48 R49 |
| 2 R17 | 7 R26 | 12 R39 | 17 R24 R25 |
| 3 R47 | 8 R37 | 13 R22 | 18 R54 |
| 4 R61 | 9 R49 R51 | 14 R41 | 19 R14 |
| 5 R58 | 10 R67 | 15 R16 | 20 R66 |

# Liste des mots à apprendre au CE1



## A

agréable
aimer
aller
ami (un)
animal (un)
année (une)
après
arbre (un)
arme (une)
armoire (une)
article (un)
artiste (un)
as (un)
auto (une)
autour
autre
avaler
avec
aviateur (un)
avion (un)
avoir

## B

banane (une)
barbe (la)
barbu
bébé (un)
biberon (un)
biche (une)
bien
blé (le)
bobine (une)
boire
bois (le)
bol (un)
bon, bonne
bonbon (un)
bonjour
bouche (la)
bouchée (une)
boule (une)
bouton (un)
branche (une)
brave
brique (une)

## C

cabine (une)
cacao (le)
cacher
café (le)
cage (une)
cahier (un)
calcul (le)
calculer
camarade (un)
camion (un)
canapé (un)
canari (un)
car
carafe (une)
carte (une)
carton (un)
cave (une)
chalet (un)
chaleur (la)
chambre (une)
chanson (une)
chanter
chanteur (un)
charbon (le)
chasse (la)
chasseur (un)
chat (un)
chatte (une)
chemin (un)
cheminée (une)
chemise (une)
chercher
cheval (un)
chien (un)
chienne (une)

citron (un)
classe (une)
cochon (un)
cœur (le)
coin (un)
col (le)
comme
confiture (la)
contre
copie (la)
copier
costume (un)
couche (une)
coucher
coucou (un)
coude (le)
couleur (une)
couleuvre (une)
coupe (une)
couper
courage (le)
courge (une)
cousin (un)
cravate (une)
cri (un)
cru

## D

dame (une)
dans
dé (un)
demain
deux
devenir
devoir (un)
dictée (une)
dimanche
dinde (une)
dindon (un)
directeur (le)
domino (un)
donc
dormir
douleur (une)
droite (la)

## E

école (une)
écriture (l')
église (une)
élevage (un)
élève (un, une)
elle
en
encore
enfant (un, une)
entre
entrer
éponge (une)
étable (une)
été (l')
étude (une)

## F

facteur (le)
faire
famille (une)
farine (la)
faute (une)
fée (une)
femme (une)
ferme (une)
fermier (un)
fête (une)
feu (un)
figure (la)
fille (une)
finir
fleur (une)
fleuve (un)
fois
fou (un)
foudre (la)
foule (la)
four (un)
fourchette (une)
froid
froidement
fromage (un)
fumée (la)
futur (le)

## G

garçon (un)
gare (une)
grand
gros, grosse

homme (un)

image (une)

jardin (un)
jardinier (un)
jeudi
joli
jouer
jour (un)
journal (un)
journée (une)
jupe (une)
juste

lait (le)
lapin (un)
large
lavabo (un)
lecture (la)
libre
librement
ligne (une)
limonade (la)
lion (un)
lire
liste
lit (un)
livre (un)
louche (une)
louer
lui
lundi
lune (la)

## M

maçon (un)
madame
main (la)
mais
maison (une)
mal
malade
maladie (une)
maman
manger
marche (une)
marcher
mardi
marge (la)
mariage (le)
marmite (une)
marque (une)
marquer
mars
matin (le)
matinée (la)
melon (un)
même
ménage (le)
mère (la)
meuble (un)
midi
mineur (un)
mois (un)
monde (le)
monter
mort
mot (un)
moto (une)
mouche (une)
moulin (un)
moustache (une)
mouton (un)
mur (un)
musique (la)

## N

nage (la)
nager
nature (la)
neige (la)

neiger
niche (une)
non
nuage (un)

## O

octobre
œuf (un)
oiseau (un)
olive (une)
orange (une)
ordre (un)
os (un)
oui

## P

page (une)
pantin (un)
papa
par
parler
pas
pas (un)
pauvre
pénible
père (le)
perle (une)
personne (une)
petit
peur (la)
pilote (un)
piste (une)
planche (une)
plante (une)
plume (une)
plus
poche (une)
poire (une)
poisson (un)
poivre (le)
pomme (une)
porte (une)
poste (la)
potage (le)
poule (une)
poupée (une)
pour
pouvoir
pré (un)
premier (le)
prendre
près
prison (une)
prune (une)
prunier (un)
puis

## Q

quoi

## R

rat (un)
regarder
reine (la)
relire
remarque (une)
rendre
rentrer
reste (le)
rester
retenir
retour (le)
retrouver
réunir
revenir
revoir
revue (une)
riche
rien
rire
rive (la)
robe (une)
roi (le)
ronde (une)
rose (une)
rouge
route (une)
ruche (une)
rue (une)

## S

sable (le)
sac (un)
sacoche (une)

sage
salade (la)
salon (un)
samedi
sapin (un)
sauter
sec, sèche
se coucher
se lever
semaine (une)
se moucher
singe (un)
sœur (une)
soi
soir (un)
sol (le)
soleil (le)
solide
sortie (une)
sortir
soupe (la)
sous
statue (une)
sucre (le)
sucré
sucrerie (une)
suite (la)
suivre
sur

## T

table (une)
talon (le)
tarte (une)
tartine (une)
tasse (une)
terre (la)
tête (la)
tige (une)
toi
toit (un)
tomber
torchon (un)
tortue (une)
toucher
tour (un, une)
tourner
triste
trois
trouver
tuer
tulipe (une)

## U

usine (une)

## V

vache (une)
valise (une)
vase (un)
vélo (un)
vendredi
venir
verbe (un)
vie (la)
vigne (la)
village (un)
ville (une)
vin (le)
visage (le)
visite (une)
visiteur (un)
visiter
vite
voici
voir
voiture (une)
voleur (un)
vue (la)

# Références des ouvrages cités

**p. 106** ex. 1 J. & J. Guion, *Le cadeau de Mamie Ratus*, Collection Ratus Poche, Hatier.

**p. 106** ex. 2 J. & J. Guion, *Ratus raconte ses vacances*, Collection Ratus Poche, Hatier.

**p. 107** ex. 1 N. Peskine, *Le dragon des cités*, Collection Ma première Amitié, Rageot.

**p. 108** ex. 1 D'après *Splash le dauphin,* Collection Amis-Amis, Hatier.

**p. 109** ex. 1 D'après J. & J. Guion et Ch. Milou, *Quatre bons amis se retrouvent,* Préparation à la lecture, Hatier.

**p. 110** ex. 1 D'après *Le timbre du voyage,* Les livres du soleil, CEDA-Hatier.

**p. 111** ex. 1 M. Gripe, *Hugo et Joséphine,* Bibl. de l'Amitié, Rageot.

**p. 112** ex. 1 D'après N. de Hirsching, *Mon copain le monstre*, Collection Ratus Poche, Hatier.

**p. 113** ex. 1 D'après A.-C. Vestly, *Aurore la petite fille du bâtiment Z,* Bibl. de l'Amitié, Rageot.

**p. 114** ex. 1 D'après G. Bogore, *Nina, Doudou et l'hyène*, Les Albums du jeune soleil, CEDA-Hatier.

# Liste des règles



pages

## Notions de base



## Orthographe d'usage

## Homophones grammaticaux



## Accords en genre et en nombre

## Formes verbales

# Table des matières



Archevé d'imprimér sur les presses de Rotolito
Dépôt légal n° 11503 - Octobre 2004